DISCARD

Sé una *pareja* Feliz

Sé una *pareja* Feliz

Cómo hacer de la *felicidad* un hábito para toda la vida

Barton Goldsmith

AGUILAR

AGUILAR

Sé una pareja feliz
D. R. © Barton Goldsmith, 2013
Título en inglés: *The Happy Couple*. Publicado originalmente
por New Harbinger Publications, Inc; Oakland, CA.

De esta edición:
D. R. © Santillana Ediciones Generales, S.A. de C.V., 2014.
Av. Río Mixcoac 274, Col. Acacias
03240, México, D.F.
www.librosaguilar.co/mx
f: /AguilarMexico
t: @aguilarmexico

Traducción: Elena Preciado Gutiérrez
Primera edición: mayo de 2014

ISBN: 978-607-11-3166-9

Diseño de portada: Amy Shoup

Impreso en México.

PRISA EDICIONES

33090030746871

Para mis mejores amigos, Kathy y Piewackett.
Que estén muy bien y recuerden que los amo.

Índice

Prólogo

Hace más de veinticinco años, un ministro unitario llamado Robert Fulghum publicó un libro con un credo muy sencillo: "Las cosas importantes las aprendí en el parvulario." El libro se volvió un *bestseller* y su título se convirtió en un acontecimiento cultural. Aunque no era un libro filosófico, apoyaba una ideología con la que todos podemos identificarnos: en realidad, la vida no es tan complicada. Los seres humanos aprendemos desde pequeños a convivir de manera exitosa con los demás, pero al crecer parece que lo olvidamos.

La misma filosofía puede aplicarse al matrimonio, pero los libros de este tema a veces lo complican todo. Algunos revuelven el matrimonio con teorías y ofrecen poca ayuda sobre cómo es estar casado en la actualidad; otros te dan consejos sin bases teóricas. Unos más se basan en ciencia e investigaciones mentales y presentan el proceso de cambio como algo profundo y difícil, que además requiere de una complicada curva de aprendizaje para la pareja.

Sin embargo, muchos libros sobre el matrimonio están de acuerdo en algo: las parejas quieren ser felices, pero no saben cómo lograrlo. Cada uno ofrece su visión del peligroso viaje de la miseria a la alegría. Para algunos, las razones de la infelicidad se encuentran en la presencia de la infancia en la relación adulta, es ahí cuando la pareja necesita darse cuenta de sus deseos inconscientes. Algunos libros se van al otro extremo, ven una relación difícil como resultado de la falta de habilidades para relacionarse y envían a las parejas a una especie de campamento donde pueden practicar. Ignorar por completo dichas habilidades es otra causa posible, así que las parejas son aconsejadas a tomar clases juntas. A menudo se quejan de la terquedad o "resistencia" del otro para lograr un cambio, así que pueden considerar las sesiones de terapia. Pero todos los libros nos recuerdan que la felicidad está del otro lado del cambio.

En *La pareja feliz,* Barton Goldsmith hizo algo único. Reunió una maravillosa lista de ideas y ejercicios para parejas que, en mi opinión, de verdad funcionan. Y lo hizo sin confundirnos con hipótesis, aunque en cada página podemos advertir una teoría del cambio. En definitiva, me recuerda a la filosofía de Fulghum: todos aprendimos, desde hace mucho tiempo, que ser negativos no nos lleva a ninguna parte. Una actitud positiva es requisito fundamental para una buena relación. Tienes que comprometerte de verdad para lograr que algo suceda. Habla con tu pareja. No la critiques. Diviértanse juntos. Salúdala cuando llegues a casa y despídete cuando te vayas. Es simple. Lo que hace que el matrimonio funcione no es ninguna ciencia. No hay sugerencias, ejercicios exóticos, complicados o que requieran de un grado académico. Sólo se necesita sentido común.

Lo que me gusta del trabajo de Goldsmith es que reúne todas estas "verdades", ilustra cada una con una historia y ofrece un ejercicio que pone el concepto en acción. Este libro es un reto para las parejas porque el autor se niega a engañarlas diciéndoles que convertirse en una pareja feliz es muy fácil. No lo es. Pero para las parejas que en verdad quieren la felicidad, este es un libro de trabajo maravilloso, un mapa para la aventura, una guía paso a paso. La única forma en que una pareja puede fallar, es no hacer el trabajo.

Harville Hendrix, PhD
Nueva York, 2013
Coautor, con Helen Lakelly Hunt,
de *Haz más fácil tu matrimonio.*
10 verdades para transformar la relación que
tienes en la que siempre soñaste.

Agradecimientos

A Publicaciones New Harbinger; a los editores, Matt McKay y Brady Kahn; a la editora de adquisiciones, Melissa Kirk, y al director editorial, Jess Beebe. Todos fueron de mucha ayuda para lograr este libro.

También quiero agradecer a mi asistente editorial, Sydney MacEwen, por mantener a este disléxico autor en el camino, concentrado y no tan neurótico.

Este libro no existiría sin los lectores y editores de mi columna. Siempre estaré agradecido con Ventura County Star, el editor Mike Blackwell y Scripps Howard News Service. También le agradezco al editor Bob Jones por su enorme apoyo, así como a los que trabajaron con tantas páginas y publicaron mis columnas.

A mi adorada familia y amigos de toda la vida: Shelley MacEwen (la mamá de Sydney); Nancy, David y Nina Padberg; Brenda y John James; Kevin Hanley; Rebecca Love, David y Dan Richmond; Jeb, Pam y Madison Adams; Robert Scully, Leigh Leshner, Laurie Butler y a Indus Arthur.

Me siento honrado por tener la oportunidad de aprender de mis colegas, incluyendo a Stephen Trudeau, Harville Hendrix, Bernie Siegel, Scott James, Michael

Agress, William Glasser, Judith Orloff, Gary Chapman, Linda Metzger, Jeffery Zeig, Linda Loomis, James Hollis, Susan Shapiro Barash, Linda Guerrits y Louise L. Hay. Algunos de mis mentores ya fallecieron; reconozco con gratitud a los difuntos: Albert Ellis, David Viscott y Elisabeth Kübler-Ross.

Y al final, pero no menos importante, a mi perro Mercy y al nuevo miembro de la familia, un dulce gato llamado Phoenix. Hay tanta verdad en la pregunta "¿Quién rescató a quién?".

A mi pequeña familia: Min, Karmyn y Kandyce, los amo mucho y gracias por su inspiración.

Introducción

A veces, en algunos puntos de nuestra vida, la mayoría de nosotros debemos lidiar con los malos hábitos en nuestras relaciones. Esto ocurre cuando no ponemos atención a lo que hacemos o decimos, y terminamos cayendo en una zona de confort que no nos deja dar lo mejor de nosotros. Por desgracia, incluso si no te das cuenta, tu pareja sí lo siente, y es muy probable que la lastimes con tus palabras o acciones.

Los malos hábitos se exhiben de muchas maneras: desde ser grosero en una discusión, hasta olvidar dar las gracias por las pequeñas cosas que la pareja hace todo el tiempo por nosotros; desde no saludar con afecto después de un largo día separados, hasta asumir que el otro ya sabe lo que pensamos y sentimos (y enojarnos si no lo adivina). Los hábitos negativos pueden ser obvios o sutiles, pero siempre tienen algo en común: hieren a tu compañero y terminarán por lastimar tu relación.

Los hábitos destructivos pueden surgir de muchas partes. En ocasiones se vienen arrastrando de una familia disfuncional donde hubo asuntos que nunca se resolvieron. Las personas aprenden a usar actitudes defensivas como armas para tratar de dominar a sus parejas, así ya no tienen que responsabilizarse por la parte que les corresponde de un problema. Tales hábitos pueden dañar cualquier relación, pueden hacer que tu pareja tenga miedo de decirte alguna cosa que le molesta o le duele, así que nada se resuelve y la herida crece. Esto es terrible para los dos y crea una dinámica de incomodidad en la que cada uno está intranquilo la mayoría del tiempo.

La única forma de escapar de estos patrones es reconocerlos, discutirlos, hacer conciencia y un verdadero esfuerzo para cambiarlos. Necesitas aprender a transformar estos hábitos que lastiman en otros que sean positivos, constructivos y que ayuden en tu relación.

Encontrar la forma de cambiar los malos hábitos es una necesidad. Aprender cómo evitar herir al otro cuando tienes una discusión formará un vínculo que les permitirá lidiar con cualquier cosa que la vida les ponga en el camino. Recuerda que puedes estar en desacuerdo sin ser grosero. Aprender a rescatar lo positivo de la relación les ayudará a hacerla mejor.

Aunque las conversaciones sobre cambios de hábitos puedan ser incómodas y el proceso bastante pesado, el esfuerzo será bien recompensado. Para crear costumbres nuevas y positivas, necesitas darte cuenta en el momento en el que estás haciendo algo mal y pensar: "¡Alto!, no tengo que actuar o hablar así. ¿Cuál será la mejor forma de comunicarme sin lastimar a mi pareja?"

Aun cuando el proceso parezca aburrido, sólo toma unos pocos segundos repasar lo que quieres decir y modificar las palabras antes de que salgan de tu boca. Lo mismo pasa con las acciones que tu pareja encuentre inapropiadas. ¡Piensa antes de actuar!

Al repetir una y otra vez las buenas acciones, crearás una nueva forma de ser, y así tanto tu pareja como tú, estarán agradecidos por lo que hiciste. Confiar en que puedes cambiar viejos patrones de conducta es parte de la cura. Algunas partes del proceso las puedes hacer tú solo y otras entre ambos. Ésa es tu decisión.

¿Cómo usar este libro?

Este libro explica de forma directa cómo puedes lograr una relación más positiva con tu pareja, cómo vencer las dificultades y desarrollar no sólo una maravillosa comunicación, sino también una profunda conexión emocional, lo cual los llevará a divertirse más cuando estén juntos y a tener una vida sexual más sana. En cada capítulo encontrarás consejos prácticos y ejercicios que te ayudarán a romper los malos hábitos que están interfiriendo en tu camino.

Comienza por localizar un capítulo que trate de algún problema que tengas en este momento en tu relación. Si el contenido te parece útil, compártelo con tu pareja. Después hablen sobre el mal hábito que quieres enfrentar, comprométanse a hacer un cambio y luego trabajen en él realizando un ejercicio o siguiendo las sugerencias del capítulo que acaban de leer.

Entonces, si quieres, puedes leer el libro desde el principio o escoger otro capítulo que hable de lo que te está pasando en ese momento. Lo más importante es compartirle a tu pareja cualquier conocimiento nuevo que vayas adquiriendo en tu lectura. Yo diseñé este libro para ayudarte a seguir el canal de lo positivo en tu relación. La idea fue hacer el proceso tan simple y fácil como sea posible. No les tomará mucho tiempo leer y platicar un rato sobre cada capítulo. Puedes dedicarle el tiempo que quieras, pero no te claves demasiadas horas en un sólo asunto. Pasar mucho tiempo en una cosa también puede desgastar una relación. Empiecen despacio por ahora y, si se van motivando, trabájenlo una hora a la semana. Es todo lo que la mayoría de las parejas necesita.

Después de tener éxito con alguna nueva forma de comunicación o de estar juntos, será más fácil convertirla en un hábito de la relación. Un buen número de parejas que conozco eligen hablar de sus relaciones durante paseos nocturnos o mientras andan en bicicleta. Este acercamiento casual funciona bien porque puedes liberar algunos de tus problemas emocionales a través de ejercicio físico.

Así que felicítense: van por buen camino para mejorar su relación y crear un espacio más seguro y amoroso. Confíen en el proceso, y si se pierden o confunden en los problemas de la vida, recuerden que siempre serán capaces de encontrar el camino correcto si buscan en su interior. Todo lo que necesitan es paciencia y persistencia.

1

Comunicación

¿Qué crees que sea lo más importarte en una relación? ¿Confianza, intimidad, o tal vez amor? Las tres son básicas y no puedes tener una relación sin ellas, pero no son lo más importante. Ese lugar lo ocupa la comunicación. Una relación no puede crecer, ni siquiera sobrevivir, sin una buena comunicación.

La buena comunicación no significa que nunca peleen, no es que seas capaz de leerle la mente a tu pareja o que puedas tener largas pláticas sobre diferentes temas. Más bien, se trata de ser capaz de compartir todos los aspectos de tu vida (emocionales, mentales, físicos y espirituales) sin sentirte juzgado o devaluado. Se trata de que tu pareja y tú platiquen de manera íntima sobre los sentimientos y tropiezos que viven todos los días. Y se trata de querer compartir tu vida con otro ser humano que no es psíquico y que necesita escuchar tus palabras para entenderte y cuidar de ti de forma adecuada.

Mucha gente cree que sus parejas deberían adivinar lo que pasa por su cabeza o corazón desde antes de decirlo. Por desgracia, todos los psíquicos buenos están ocupados con sus sitios web o leyéndole las cartas a Jerry Springer, así que no puedes esperar que te lean la mente.

Debes ser capaz de decir lo que te está pasando de manera clara para que tu compañero lo entienda. Puedes usar algunos pasos básicos para comunicarte en cualquier situación.

Ejercicio: comunicarse con la pareja

- ✓ **Paso 1.** Si sientes que algo molesta a tu pareja, ya sea en el trabajo, en la familia, en su relación o en cualquier otra área, pregúntale si quiere hablarlo contigo. Si te dice que no, no te preocupes, dile que tú estarás ahí para cuando quiera hacerlo.
- ✓ **Paso 2.** Cuando sea al contrario, es decir, si algo te molesta, pregúntale si pueden hablar cuando lo necesites, pero asegúrate de que sea en un momento en el que esté abierta al diálogo. Puedes saber esto preguntando. "¿Es buen momento para hablar?"
- ✓ **Paso 3.** Asegúrate de escuchar con atención lo que dice y de explicar todo lo que tú quieres decir con mucho cuidado. Responde a sus necesidades o sé claro sobre lo que tu pareja puede hacer para responder a las tuyas.
- ✓ **Paso 4.** Si sientes que todavía hay más que decir, pregúntale si se puede quedar el tema pendiente. Si sientes que ya resolvieron el problema, díselo.
- ✓ **Paso 5.** Sigan hablando del tema todos los días hasta que los dos sientan que ya lo resolvieron.

Esto les ayudará a aprender cómo preguntar de manera clara. Por ejemplo, si tu pareja anda decaída, en vez de tomártelo personal, podrías preguntarle cómo se siente y si hay algo que puedes hacer para ayudarla. Tomar acción, en vez de dejar que el otro se las arregle con sus tristezas, es una muy buena forma de demostrar tu amor y una maravillosa herramienta de comunicación.

Hacer preguntas claras te ayudará a encontrar soluciones. Cuando tu ser amado tiene un problema, profundiza un poco para tener una imagen más completa de lo que está pasando, así podrás darle un mejor consejo. Al escucharlo, ayudarás a que se calme un poco y bajen sus niveles de estrés. Esto también te salvará de desperdiciar muchos días que pasarían sin dirigirse la palabra.

El que haya silencio en una relación no quiere decir que sea buena. De hecho, puede estar lastimándote. Una comunicación insuficiente hace que las personas se sientan desconectadas y poco a poco se van alejando emocionalmente. Todos necesitamos sentirnos escuchados y tener a alguien con quien hablar.

Incluso si crees que no tienes nada que decir, siempre puedes encontrar algún tema. Familia, amigos y finanzas son sólo tres ideas para empezar. A la mayoría de la gente le gusta quejarse un poco, así que puedes preguntarle qué sentimientos tiene sobre la política o la situación del mundo. Si no muestra interés, ¡no te rindas! Explícale la necesidad de comunicarse y, sin ser fastidioso, sigue haciendo preguntitas que necesiten respuestas, y antes de que te des cuenta, estarán teniendo una conversación de verdad.

Si ninguno de ustedes es un buen conversador, desarrollar el hábito de la comunicación les costará un poco más de trabajo. Si van a partir de cero, empiecen teniendo una comida juntos al menos una vez al día, en la que puedan platicar mínimo treinta minutos de lo que hicieron o lo que planean hacer ese día.

Pueden discutir algún asunto familiar. Al estar sentados, platicando y compartiendo una comida, irán tomándose su tiempo para pensar en lo que necesitan decir. Esto desaparecerá el estrés que genera el tratar de tener una conversación sólo porque sí. Una vez que se les haga el hábito de hablar durante la comida, comunicarse empezará a ser mucho más fácil. Te encontrarás en una relación más armoniosa, con menos desacuerdos, y los dos se acostumbrarán a comentar lo que piensan.

La buena comunicación no sólo tiene que ver con palabras (aun cuando sea por teléfono o de forma electrónica, las palabras se vuelven muy importantes). También se relaciona con tu tono de voz y el contacto visual. Lograrás mucho más en cualquier conversación si miras a la persona con la que hablas. Tratar de tener una conversación en habitaciones diferentes es como tratar de hacer el amor en camas separadas: simple y sencillamente no funciona.

Como mucha de nuestra comunicación en la actualidad es electrónica, les recomiendo que durante el día se escriban mensajes de texto o *mails* (si es que no se pueden llamar). Debes dejar esto muy claro. Es decir, está bien enviar un mensaje de texto breve para organizarse con algo o confirmar horarios, pero para expresar tus emociones se necesita más que sólo una carita sonriente. Haz un esfuerzo para poner tu corazón en el teclado. Usa palabras de amor y apoyo. No tienes que hacerlo todo el tiempo, pero sí todos los días.

La comunicación es muy importante en una relación porque es la verdadera vía por la que las parejas pueden expresar sus emociones y pensamientos. Recuerda, no debes asumir que sabes lo que siente tu pareja, tienes que preguntarle para confirmar tus sospechas. Al preguntar harás que se sienta cuidada y valorada. Todos necesitamos saber que hay alguien en nuestras vidas que se preocupa por cómo nos sentimos. Lidiar con dificultades sentimentales es mucho más fácil cuando puedes hablarlas con tu otra mitad. Es parte de lo que convierte a dos personas en una unidad.

Tener una buena comunicación de manera regular puede ser incluso más importante que tener buen sexo. Cuando le preguntes a parejas mayores cuál es el secreto del éxito en su larga relación, te dirán: "La buena comunicación." Cuando alguien que amas está dispuesto a escuchar todo lo que quieres decir (no importa lo que sea), el sentimiento que te genera es muy hermoso.

El efecto positivo que tiene una buena comunicación en una relación puede ser asombroso. Puede tomar relaciones rotas y arreglarlas (y lo mismo con los corazones). Las habilidades de buena comunicación te servirán para el resto de tu vida y harán que sus días juntos sean cada vez mejores.

2

Gratitud

¿**A**lguna vez te has sentido muy agradecido por la pareja que tienes y por tu relación? ¿Te gustaría demostrar mejor tu gratitud? ¿Has estado en alguna situación en la que tu pareja o tú querían expresar su agradecimiento pero no lo hicieron?

Una razón por la que me gusta la celebración del Día de Acción de Gracias es porque nos recuerda que todos necesitamos estar agradecidos por lo que tenemos. Es cierto que los peregrinos no poseían mucho, lo que más tenían eran problemas, pero aún así creían en expresar su gratitud por sus pocas pertenencias.

Lo que se nos escapa a la mayoría es cómo lograr que este sentimiento sea parte de nuestra vida diaria de manera que se refleje en nuestro comportamiento, en especial hacia nuestros seres amados. Por desgracia, como nuestras vidas no son siempre lo que queremos, podemos olvidar con facilidad que debemos ser agradecidos por lo que tenemos.

No puedes regatear la gratitud. Por ejemplo, no funciona que te digas: "Estaré agradecido cuando se haga el trato o cuando ella me diga que me ama". Si la gratitud no es una constante en tu universo mental, entonces puedes alejar algo que quieres o hacer sentir poco apreciada a la persona amada. Los demás perciben nuestras actitudes incluso si no decimos nada.

Si andas medio confundido sobre qué es el hábito de la gratitud, piénsalo como un profundo sentimiento que le tienes a algo (aunque sea adquirido o regalado) que sabes que podría desaparecer.

Ejercicio: ser agradecido todos los días

Para construir el hábito de la gratitud, despierta cada mañana dando gracias por tu vida y tu salud. Ofrece tu agradecimiento en voz alta o repítelo en silencio para ti. Puede ser muy sencillo, por ejemplo, "gracias por mi vida y mi salud", o puedes usar tus propias palabras para hacerlo más personal. Repítelo a diario. Trata de hacerlo cada día de la semana. Ésta es una técnica muy buena para llegar a sentir lo que es ser agradecido. Entonces, puedes empezar a dar las gracias por aspectos más complejos de tu vida, por ejemplo: una relación amorosa, una pareja comprensiva y las demás personas o cosas que hacen tu vida feliz.

Ser agradecido debe ser un ritual diario porque dar las gracias refuerza lo bueno que ha llegado a tu vida y aleja los sentimientos negativos que no necesitamos arrastrar.

Hacer de la gratitud un hábito te servirá para todas las áreas de tu vida. Aquellos que son agradecidos tienen menos resentimientos y, generalmente, son personas más felices. Además, los beneficios se pueden extender a tu bienestar físico. Nada mejor que un "gracias por estar en mi vida" para expresarle a tu pareja cuánto la amas. Tener una actitud agradecida le dice lo mucho que la quieres y respetas. Esa actitud debe estar presente en todo lo que haces con y para el otro. Esto produce más felicidad de la que la gente cree.

Si estás enojado y lastimado, es difícil encontrar la gratitud dentro de ti. Tienes que ir más allá de lo que te pasa en ese instante y buscar algún momento de paz para recordar las cosas por las que estás agradecido.

Otra forma de combatir la depresión e incrementar tu felicidad cotidiana es hacer un diario de agradecimientos. Hacer este ejercicio en pareja puede cambiar su forma de sentir; ponerlo en lápiz y papel confirma y refuerza tus sentimientos positivos.

Ejercicio: hacer un diario de agradecimientos

- ✓ **Paso 1.** Consigue un par de cuadernos blancos (uno para cada uno) u hojas blancas y colócalos en el buró. Luego, antes de que te vayas a dormir, tómate unos minutos para identificar algunas cosas por las que estás agradecido y escribe tres o cinco de ellas.
- ✓ **Paso 2.** Aporta ideas nuevas cada noche. Haz esto todas las noches durante dos semanas y empezarás a notar cambios en cómo te ves y cómo te sientes con tu vida y tu relación.
- ✓ **Paso 3.** Cuando sientas que es el momento adecuado, enséñale el diario a tu amorcito. Es una maravillosa idea para compartir sus sentimientos. Si

estás agradecido por su presencia en tu vida, por sus cualidades y por sus acciones, necesitas hacérselo saber. Comunicar la gratitud los acercará cada vez más.

✓ **Paso 4.** Aparte, haz otra lista de todas las cosas en tu relación por las que quieres dar gracias. Esto te recordará a cada rato todo lo que han hecho por ti.

Uno de los momentos más fuertes en la vida es cuando alguien que te ama te dice "gracias por existir". Las emociones positivas vuelan alrededor de ti como una cálida brisa llenando tu corazón, como mariposas en el estómago. Saber que has hecho algo por la persona que amas (y que eso haga su vida mejor) es positivo en muchos niveles. Es asombroso. Cuando tu pareja reconoce tus acciones positivas, te inspira a hacer más por ella. Y el saber que tu pareja de verdad disfruta que ustedes estén juntos le da a tu relación un empujón extra.

La gratitud en la relación es el pegamento que mantiene a la pareja unida cuando pasan malos ratos. Hace que se muevan en un nivel más alto desde donde pueden distinguir lo que de verdad importa. La vida juntos es más dulce si en vez de quejarse, son agradecidos por tenerla.

Si ustedes están en mejores circunstancias y con más amor que cuando empezaron a vivir juntos, es digno de agradecerlo. Si no, necesitan trabajar en ello.

El primer paso es reconocer y honrar lo que te hace estar agradecido en tu relación. Si puedes imaginar tu vida sin el que amas y te permites sentir tal vacío por un segundo, sabrás de lo que estoy hablando. La fuerza del amor y el sentir su mano en la tuya al caminar juntos a través del mundo, es uno de los mejores regalos de la vida.

Hacer el "diario" es una forma de compartir tu gratitud. Otra forma es sentarse juntos y decir que están muy agradecidos por estar en la vida del otro, que quieren mantenerse así por mucho tiempo y crecer como equipo. Pocas veces nos tomamos el tiempo para hacerlo, pero este ejercicio es súper poderoso y puede hacerte sentir de maravilla. Inténtalo.

Otra manera de mostrar tu gratitud es recordar decir "gracias" por las cosas pequeñas. No importa si es por traer el café en la mañana o por un masajito en la noche, agradecer al otro es la forma de hacerlo sentir querido.

Algunas veces las acciones dicen más que mil palabras. Puedes mostrar tu agradecimiento con un fuerte y amoroso abrazo, con una flor en su escritorio, o con una notita en un lugar visible de la cocina que diga: "Gracias por estar conmigo".

Una buena parte del tiempo, nuestros sentimientos negativos hacen que tengamos miedo de perder lo que tenemos o no lograr lo que queremos. No sabemos apreciar el momento que estamos viviendo. El hábito de la gratitud te ayudará a descubrir que lo que tienes es mejor que cualquier cosa que pudieras desear.

3

Humor

¿Tu relación tiene una buena dosis de humor? ¿Has dicho algo que para ti sea súper gracioso y tu pareja no lo "cache"? ¿Alguna vez se han hecho bromas en las que los sentimientos de alguno salen lastimados?

Tener humor en una relación es importante. La vida no puede ser seria todo el tiempo. Tienes que hacerte un espacio y balancear tu vida. Si tu relación tiende a ser seria la mayor parte del tiempo, por favor inyéctale un poco de humor, no será muy difícil y sí les hará mucho bien.

Si tu pareja a veces hace bromas que no te gustan o no entiendes, recuerda que eso no lo hace una mala persona. La verdad es que tal vez está tratando de relajar las cosas. Si tú no le sigues el paso, es probable que tengan un enfrentamiento y alguno de los dos se enoje. A veces, cuando somos muy "cuadrados", es fácil ofendernos. Si las bromas de tu amorcito no son hirientes o no están dirigidas a ti, sólo dile que no encuentras la gracia. Es diferente si tú eres el objeto de la burla, pero si esto no es así y nada más está tratando de ser divertido, hace más bien que mal.

Me parece que el humor, usado de manera inteligente, puede ayudar con situaciones incómodas. Tener buen humor es tan importante que existe una conferencia anual de psicología en la que se habla de cómo usarlo en terapia. Si lo usan los psicólogos, ¡imagínate lo que puede hacer en tu relación!

Cultivar el hábito del humor implica que seas respetuoso en tu conversación. No estás en un concurso de comediantes, en una guerra de chistes o en un duelo de albures. Son dos personas jugando con las palabras entre sí. Hay que mantener el juego sin ofender, ni echar culpas, y nunca uses el humor como arma. Una vez que tengas estas reglas claras, será más fácil divertirse con el otro.

Si las ocurrencias de tu pareja a veces te ofenden, hablen sobre ello y establezcan reglas o límites.

Algunas personas disfrutan insultando o humillando con los chistes, y eso no ayuda nada en una relación. Tus bromas y acciones deben encaminarse a mejorar tu vida, nunca a empeorar las cosas. Así que si el humor de tu pareja es hiriente en vez de divertido, deben tener una conversación para discutir cómo mantenerlo por el buen camino.

Ejercicio: mantener el humor por el buen camino

✓ **Paso 1.** Pregúntale a tu pareja si pueden tener una charla. Aunque es un tema delicado, haz la pregunta de forma suave y ligera. No hay necesidad de ponerse a la defensiva (ni tú ni tu pareja). Recuerda que debe ser una plática benéfica con miras al futuro.

✓ **Paso 2.** Explícale que el tipo de bromas y chistes que hace a veces te lastima. Ten preparado un ejemplo, dile: "Cuando dices _____, yo me siento devaluado y humillado". Asegúrate de usar un *Yo-mensaje*, es decir "yo creo...", "yo pienso...", "yo opino...", "yo sugiero...", etc. Debes explicar cómo te sientes. Cuando le compartas tus verdaderos sentimientos, tu pareja se dará cuenta de que ha sido insensible. Una vez que reconozca este comportamiento, sólo es cuestión de cambiarlo.

✓ **Paso 3.** Pregúntale cómo se sentiría si tú hicieras bromas y chistes sobre él. Dale un momento para pensar antes de responder. Aquí es donde comprenderá tu dolor y será capaz de tomarlo en cuenta. Cuando perciba cómo te sientes, entenderá mucho mejor el por qué necesita cambiar sus bromas.

✓ **Paso 4.** Hagan una lluvia de ideas sobre cómo encontrar una solución, por ejemplo, cambiar el estilo del humor o evitar provocaciones. Ninguno de ustedes quiere que su diversión se convierta en dolor, así que un paso muy importante y necesario es poner límites.

Crear un hábito positivo de buen humor le dará a tu relación una nueva profundidad. Incluso si no te crees muy chistoso, puedes mejorar tu vida y amor con un fino sentido del humor. Se trata de encontrar el lado ligero, agradable de la vida y disfrutarlo, no de hacer unas bromas que compitan con Jerry Seinfeld o programas de comediantes. La vida puede ser irónica, pero también puede ser, al mismo tiempo, la diversión y divertida. Una vez que empieces no te será difícil encontrarle el lado cómico a una conversación o acción y apreciar el sentido del humor de tu pareja. Aquí hay algunas ideas para reír juntos más seguido:

- ❧ Vean programas chistosos o divertidos. Muchas parejas han descubierto que reír juntos les ayuda a liberar tensiones y es una actividad que los vincula de manera emocional. Otra forma para agregarle buen humor a tu vida amorosa es ver películas graciosas. Mejor ver un *show* que te haga reír a uno que te haga llorar, ¿no? Es por esto que todas las cadenas de televisión tienen un comediante o un programa gracioso en el horario de la noche. Los clubs de comedia también sirven.

- ❧ Hagan una película casera. Otra herramienta fantástica para el buen humor es hacer una película ustedes mismos. Los dos disfrutarán actuando frente a la cámara, así que saquen la cámara vieja, usen una digital o su *smartphone*, y háganse los chistosos para el otro. Luego vean sus payasadas juntos.

- ❧ Vayan de vacaciones. Encontrarle el lado gracioso a la vida es más fácil cuando estás de vacaciones porque todo el mundo tiende a sentirse feliz y tranquilo. Las vacaciones deben ser divertidas, pero si las ves como un caos, perderás tu habilidad para encontrar y disfrutar el buen humor en ellas. Mejor disfruta el humor en el caos desde el momento en que empiezas a planearlas. Si te vas de vacaciones y no te ríes ni una vez, mejor te hubieras quedado en casa.

❧ Laven los trastes juntos. Buscarle el lado divertido a la vida no es sólo decir cosas chistosas, también es hacer cosas juntos con buen sentido del humor. Y puedes usar el humor para darle un respiro a la monotonía de las tareas cotidianas. Conozco parejas que ríen tanto que pueden tomarse horas para lavar los trastes; seguro se divierten mucho juntos, ¿no lo crees?

Si tu pareja y tú le hacen frente a una situación difícil y pueden encontrarle el lado cómico, es una señal perfecta de que tienen una buena y sana relación. Saben que sin importar a lo que se enfrenten, lo combatirán juntos y que serán capaces de sonreír (algunas veces) mientras pasa.

No podemos andar por la vida sin tropezar con algunos obstáculos. Cuando les puedas encontrar el lado gracioso, la vida será mucho más fácil. Algunas veces habrá que hacer un esfuerzo, y tal vez tú veas algo divertido y tu pareja no, o al revés. Sea cual sea el caso, busca la alegría y trata de lidiar de manera relajada con cualquier cosa que se te atraviese en la vida. Cuando el mundo no funciona como quisieras, seguro el mejor amigo que puedes tener (después de tu pareja) es el buen sentido del humor.

Reír juntos sólo puede traer cosas buenas a tu relación. Nada refleja más tu amor que reírte de las bromas malas de tu pareja, en especial si las has escuchado cientos de veces. Y no hay nada más maravilloso que hacer reír a tu adorado.

La risa los mantiene unidos al lado luminoso de la vida (lo cual no siempre es fácil), crea una química cerebral que los hace sentir bien y facilita el dar y recibir amor. Crear el hábito del humor es un regalo. Ábranlo juntos.

4

Reconocimiento

¿Cuándo fue la última vez que reconociste a tu pareja diciéndole "te amo" o lo agradecido que estás por tenerla en tu vida? ¿Cómo te sientes cuando tu pareja se va todo el día sin decirte adiós? ¿Qué tal cuando se pelean y, a pesar de que saben bien quien está mal, no se quieren disculpar? El reconocer al otro y nuestros errores es un hábito muy positivo que necesitamos consolidar en nuestras relaciones.

El reconocimiento puede tomar varias formas, pero una buena es cuando formulas cualquier frase o acción que expresa tus sentimientos positivos sobre algo que tu pareja ha dicho o hecho. Dejar que tu pareja sepa que estás agradecido por sus acciones y que reconoces sus esfuerzos, la hará sentir mejor consigo misma, contigo y con la relación. Es una cosa muy fácil. Te sugiero que busques las oportunidades de demostrarle que estás recibiendo su energía positiva y respondiéndole de la misma forma.

❧ Recuerda decir adiós. Los saludos y las despedidas son importantes en una relación porque nos recuerdan que hay una separación, es decir, un cambio en el estar unidos. El darte cuenta de que no verás a tu pareja durante todo el día (cuando se va en la mañana, por ejemplo), cambia el manejo del tiempo que ambos tienen por separado. Cuando tu ser amado te deja una dosis extra de amor, ésta te ayuda a enfrentar las dificultades del día. En cambio, si existe una dificultad, tu atención anda dispersa pensando en qué está pasando con tu relación y por qué se alejaron en silencio ese día. Todo esto hará que tu jornada sea más difícil. Recuerda, decirle adiós a tu pareja es la última cosa que debes hacer al salir por la puerta todas las mañanas. Este hábito les asegurará el inicio del día con el pie derecho.

- Salúdala con un abrazo de diez segundos y un beso. Los saludos cariñosos son muy fáciles de practicar con regularidad. Si han estado separados, dale un abrazo que dure diez segundos y un beso que de verdad los haga sentir conectados. Seguro lo percibirá y su gran emoción se desbordará hacia ti de inmediato. El vínculo que sentirás es muy real y vale la pena experimentarlo.

- Expresa tu agradecimiento. Otra acción positiva y saludable es agradecerle a tu pareja cuando hace algo lindo por ti. Te sorprenderías si supieras lo que un "gracias" puede producir. Ésto la inspirará a hacer cosas que garanticen ese tipo de respuesta. Un reconocimiento correcto te inspira para querer hacer cosas que le dejen saber a tu pareja cuánto te importa. Puede ser que tome como ofensa el hecho de que no le reconozcas con un "gracias" cuando tiene un bonito detalle contigo. Los buenos modales que te enseñaron de pequeño son muy importantes cuando te conviertes en adulto y estás en una relación amorosa. Si tu pareja se siente poco valorada, no estará bien ni física ni emocionalmente, o al menos no como a ti te gustaría que estuviera.

- Expresa tu amor en niveles más profundos. Además de decirle gracias, puedes expresarle cuanto valoras todo lo que hace por ti y cuan agradecido te sientes porque es parte de tu vida. Hacer esto la hará sentir súper apreciada. Mirarla a los ojos cuando estés hablando ayudará a que el mensaje vaya hasta lo más profundo de su corazón.

- Dile "te amo". Decir "te amo" no cuesta nada y da mucho. Cuando estás bien con tu amor, y tu conexión es reconocida, sientes que estás con la persona correcta y que la vida está completa. Escuchar estas palabras desaparecen cualquier duda y hacen que tu camino sea más fácil de recorrer.

- Dale el crédito a tu pareja. Darle el crédito por lo que hace cada vez que se pueda es maravilloso. Reconocer desde lavar los trastes hasta pagar las cuentas siempre es algo que vale la pena. Decir "bien hecho" de cualquier manera, tipo, forma o vía es un hábito que enriquecerá su dinámica como pareja. Es muy importante reconocer la forma en que tu compañera o compañero te hace la vida más fácil al hacer esas pequeñas cosas. El agradecerse uno al otro de esta manera los llena de poder para enfrentar juntos al resto del mundo.

Estos tipos de reconocimiento les llenarán su cuenta de ahorros emocional y les darán fuerza. Cuando la cuenta está sobregirada y te sientes en bancarrota, tu pareja tal vez necesite hacer un depósito y darte el soporte anímico que deba. Pero no esperes que adivine y te lea la mente. Debes encontrar la forma de comunicarte con ella cuando te sientes emocionalmente vacío y necesitas un mayor apoyo.

Una de las mejores formas de hacer esto es preguntarle si tiene un momento para sentarse contigo y platicar. Entonces puedes contarle todo lo que te está haciendo sentir mal. Con el simple hecho de saber que alguien te escucha de verdad, recargarás tus pilas. Sacar la negatividad te hará espacio para lo positivo y así podrán entrar los sentimientos agradables.

También debes empezar a decir lo que necesitas. Si quieres que te abracen fuerte o escuchar palabras de aliento, aprende a pedirlo. Tal vez piensas que si te dan lo que tú pediste, el poder de lo que vas a recibir disminuye, pero si no lo pides, lo más seguro es que de plano no recibas nada.

Otra manifestación importante del reconocimiento es ofrecer disculpas. Cuando amas a alguien y por accidente lastimas sus sentimientos, la única respuesta correcta es decir "lo siento, no volverá a pasar" y aclararle a tu pareja que entendiste cuáles son las acciones que la hacen sentir mal. Hacer esto es muy simple, toma una poquita de energía y sana la herida que tu amado está sintiendo, así que... ¿Qué esperas?

Hay muchas razones por las que la gente no se disculpa; la mayoría del tiempo es por necedad o por no estar dispuesta a admitir que cometió un error. Si éste es tu caso, supéralo. Disculparse no es símbolo de debilidad. Al contrario, si pides perdón de corazón es símbolo de fortaleza porque muestra tu habilidad para soltar cosas y sentimientos que no te hacen ningún bien. Tus disculpas deben ser sinceras y completas.

Ejercicio: aprende a pedir perdón

✓ **Paso 1.** Tómate tu tiempo para entender bien la razón por la que vas a pedir perdón.

✓ **Paso 2.** Para que tus disculpas sean verdaderas y sin motivos extras (por ejemplo, salirte con la tuya o sólo terminar la pelea porque sí), tienes que tener bien claro qué fue lo que hiciste mal y el porqué de tu disculpa.

✓ **Paso 3.** Siéntate en una posición relajada con tu pareja y ofrece tus disculpas con un lenguaje claro y simple.

✓ **Paso 4.** Pregunta si hay algo más que todavía la esté molestando y que tal vez no estás aceptando o reconociendo. Esto arreglará asuntos pasados.

✓ **Paso 5.** Pregúntale si puedes hacer algo para arreglar lo que pasó.

✓ **Paso 6.** Promete que no volverá a pasar.

Es realmente importante tu reconocimiento, aceptar tus errores y pedir perdón, y expresar lo feliz que estás de tener a tu pareja en tu vida. El que tú reconozcas todo esto tranquiliza a tu pareja y promueve las cosas para que tengas una relación más cercana. Si no hay reconocimiento en su relación, tu amada se preguntará si es ahí adonde pertenece. Cuando nuestros compañeros nos dan muy poco o de plano nada de apoyo emocional, empezamos a cuestionarnos sobre las relaciones y nosotros. Si nunca dices que está lo suficientemente bien tal vez empieces a creértelo y esto cambia el cómo te ves y cómo te relacionas con los demás. Puedes terminar sintiendo lástima de ti mismo, lo cual produce un impacto negativo en tu relación.

Es por esto que el hábito del reconocimiento es de gran importancia. Cuando los dos están felices de ser lo que son y de estar con quien están, y además lo expresan con regularidad, sin duda la dinámica de su relación se irá haciendo más positiva. El reconocer al otro puede generar un maravilloso sentimiento de unidad.

Cuando el reconocerse uno al otro se vuelva un hábito regular, entonces empezarán a tener menos peleas, se llevarán mejor y sentirán más calidez entre ustedes.

La recompensa por desarrollar el hábito del reconocimiento es enorme. Es importante recordar que los buenos hábitos se desarrollan cuando repetimos el comportamiento y las acciones correctas no una o dos veces, sino muchas veces seguidas. Actívate y hazle saber a tu ser amado que lo aprecias y reconoces.

5

Interdependencia

¿**A**lguna vez has visto parejas en las que sus miembros están tan combinados que no sabes dónde acaba uno y empieza el otro? ¿Has conocido aquéllas en las que los dos están tan distantes uno de otro que no te explicas cómo le hacen para seguir juntos?

Todos nos relacionamos de diferentes maneras. Algunas personas son súper independientes en sus relaciones, otras dependen mucho de sus parejas, y un gran número son codependientes (significa que ponen de lado sus intereses o su bienestar con tal de mantener sus relaciones).

Lo más sano para interactuar con los que están cerca de nosotros es ser en verdad interdependientes. Esto sucede cuando dos personas, ambas individuales y fuertes, se relacionan con el otro de forma comprensiva, sin sacrificarse o poner en juego sus propios valores o intereses, para lograr una relación balanceada. Cuando cada una de las dos personas tiene su propia vida y se juntan en un acuerdo mutuo de compartir sus vidas, entonces surge mucho aprendizaje y crecimiento. Debe existir un balance con el espacio de cada uno para que la unión en verdad dé frutos. Tener este tipo de relación es posible con un poquito de sabiduría y comprensión.

Primero necesitas evaluar dónde estás parado en este momento. Es posible que sientas que tu pareja es demasiado independiente y que no quiere estar contigo lo suficiente. Sin un buen balance tu relación sentirá que no existe sincronía, lo que es bastante malo para una conexión amorosa entre adultos. Por otra parte, si hay demasiada necesidad de estar juntos o mucha dependencia y no tienen vida fuera de su relación, entonces no habrá un crecimiento. En vez de eso se estancarán.

Cuando alguno de los dos necesita demasiado al compañero, puede generar una dinámica de padre-hijo. Los miembros así parece que no pueden hacer nada sin el otro. Lo anterior cansa y así empiezan los problemas y resentimientos. Es muy fácil que esto destruya una relación, y si cualquiera de ustedes es demasiado dependiente, entonces tendrán que empezar por hacer algunos cambios antes de que se hagan más daño. Para empezar, necesitan platicar sobre cómo van a evitar cualquier dependencia en su relación. No se trata de echarse culpas o avergonzarse. Si tu pareja es demasiado dependiente, trata de ayudarla a descubrir su propio mundo de forma que no se sienta amenazada. Desde que te conviertes en una parte importante de ese mundo, necesitas darte cuenta de cómo estar ahí sin fomentar una dependencia.

Leer juntos el capítulo 21 les ayudará a cada uno a aprender cómo ser más seguros en su relación. Siempre tengan presente que nadie se va a ir y que no hay grandes cambios en los trabajos. Haz que tu pareja sepa que eres dedicado con tu relación y tómate tu tiempo para permitir que las palabras se asimilen. Esto les ayudará a mitigar cualquier inseguridad o duda, que es lo que genera las raíces de la dependencia. Cuando los dos sientan que están seguros en su relación, será el inicio de una verdadera interdependencia.

También necesitas tener cuidado con llegar al extremo de tener demasiada independencia, ya que ésta trae su propia carga de problemas. Tienes que entender que estás en una pareja. Si alguno de ustedes está todo el tiempo fuera haciendo sus propias cosas por días y días y no se ve que tenga fin, el otro de seguro se preguntará por qué está en esa relación.

Si sientes que tu amor es muy independiente, dile de forma suave o insinúale que quieres hablar de ello y de cómo cambiarlo. Si sientes que tu pareja no está disponible, entonces sí necesitan tener una plática seria sobre tus sentimientos (pero con mucho tacto y consideración). Si la discusión hace que tu pareja se sienta mal, será mucho más difícil buscar una solución.

Llegar con algunas sugerencias de cómo cambiar su dinámica les ayudará a mantener las cosas funcionando. De esta manera tu pareja estará menos propensa a sentirse a la defensiva o pensar que tiene que descifrar cosas para poder agregar algo a la conversación. Por ejemplo, estar más cerca podría ser tan simple como intercambiar un par de llamadas o mensajitos de texto durante el día. Es posible que necesiten más cuidados (vean el capítulo 13) o que tu pareja haya puesto su trabajo sobre su vida. Cuando descubran la raíz del problema, será más fácil ver dónde tienen que hacer los cambios para arreglarlo.

Ejercicio: crear interdependencia

✓ **Paso 1.** Siéntense juntos y échenle un buen vistazo a dónde están en su relación.

✓ **Paso 2.** Dense uno al otro el crédito por las formas positivas en las que han ayudado a mantener su relación balanceada.

✓ **Paso 3.** Habla sobre cómo demasiada dependencia o independencia puede estar afectando tu bienestar en la relación y anima a tu pareja a reflexionar. Si tienes asuntos pendientes, sé honesto y tierno en cómo te sientes al respecto y usa mensajes que empiecen con "yo", es decir, "yo siento…", "yo espero…", "yo propongo…" Recuerda citar ejemplos.

✓ **Paso 4.** Una vez que hayan determinado en qué lugar se encuentran, empiecen a buscar cómo fue que llegaron hasta ese punto. ¿Pueden determinar cuándo fue la primera vez que aparecieron esas conductas nocivas? Pregúntense cosas como dónde se equivocaron o si en verdad esto es lo que quieren.

✓ **Paso 5.** Cuando ya tengan bien establecido dónde se encuentran, pregúntense: "¿Qué podemos hacer para mejorar nuestra relación?"

Tener esta conversación les ayudará a aclarar cómo es que cada uno de ustedes participa en mantener su relación por el buen o mal camino y cómo pueden crear una mejor interdependencia. Es súper importante tener claridad antes de embarcarse en el viaje del cambio. Antes de hacer el ejercicio con tu pareja, haz uno para ti y pregúntale cosas específicas de tu relación y tu estilo de vida. Si alguno de ustedes viaja, los dos tendrán diferentes asuntos de pareja que estarán rondando en su cabeza 24/7, es decir, las 24 horas de los 7 días de la semana.

La interdependencia significa tener tiempo para estar solo y para estar juntos, así que asegúrate de tener tiempo suficiente para ti. Si tu pareja no te deja tener tu espacio, necesitas retomar ese problema y discutirlo con calma. No es un crimen querer tener un rato para ti mismo. Todos los necesitamos. Cada relación es diferente y hay mil formas de lograrlo siempre y cuando los dos quieran.

Tal vez crees que tu relación está tan lejos de la interdependencia que para ti es difícil imaginar conseguir este tipo de intercambio. Pero, sinceramente, nunca es tarde para tener una maravillosa relación. Todo lo que deben hacer es crear un compromiso y trabajar juntos. La mayoría del tiempo será fácil, sólo necesitan mucha paciencia, práctica y saber perdonarse.

La mejor motivación para trabajar en esto es descubrir que si uno está feliz dentro de su relación, el otro también lo estará. Date cuenta de que estás haciendo esos cambios no sólo por tu pareja o por tu relación, sino también por ti. Esto no es egoísmo, al contrario, es algo bueno y, por lo tanto, convierte a la interdependencia en una meta positiva para tu relación.

Velo así, si no tienes suficiente tiempo para ti mismo, no serás una buena pareja, y lo mismo pasa si andas mucho tiempo alejado del que amas. Necesitas encontrar formas de equilibrar el tiempo en común y el individual para que así el estar juntos sea algo que los dos busquen con todo el corazón.

❧ Que tu media naranja tenga una noche para ella. Una maravillosa idea para apoyar a tu pareja es animarla a pasar una noche con sus amigos (si tienen hijos significa que tú tendrás que cuidarlos). El espacio que pasa con sus amigos cercanos es diferente al que pasa en pareja. Los dos tipos de tiempo y espacio son saludables y necesarios para mantener bien balanceada una relación romántica.

❧ Apóyense para que tengan diferentes intereses. Si bien es importante tener tiempo para hacer cosas juntos, también es normal y saludable realizar actividades separadas. Debes practicar tus propios *hobbies* o gustos, aun cuando no incluyen a tu pareja, y animarla a hacer lo mismo. Pasar tiempo separados, haciendo cosas que les gustan, les dará algo de qué platicar cuando vuelvan a reunirse; además, compartir lo que cada uno hizo por su lado puede ser muy divertido.

❧ Disfruten actividades por separado en la misma habitación. Realizar algo diferente de lo que está haciendo tu pareja incluso cuando se encuentran en el mismo cuarto, es otra manera de crear un balance. Uno de ustedes puede escuchar música con audífonos mientras el otro lee un buen libro. Hacer cosas diferentes pero en el mismo lugar les da independencia y unidad al mismo tiempo.

Hay muchas otras maneras de fomentar el hábito de la interdependencia. Ahora, tu trabajo es descubrir cuál funciona mejor para los dos. Recuerda, la clave de la interdependencia es lograr un balance de tiempo y energía para cada uno de ustedes. Establecer el hábito de la interdependencia es una idea fabulosa para asegurar que tu relación tiene todo lo que necesita para crecer y prosperar. Les dará a los dos lo que requieren para mantener una excelente dinámica de pareja.

La gente puede vivir en relaciones desbalanceadas toda la vida. Lo que no ven es que hacer algunos cambios pequeños en la forma de convivir con nuestra pareja puede mejorar nuestras vidas de una forma impresionante. Estar dentro de una relación interdependiente les asegurará respeto entre ustedes y alimento al corazón ¡Qué buena forma de caminar por la vida!

6
Celebración

¿**E**n tu relación celebran las cosas buenas? ¿Tus celebraciones se limitan sólo a los eventos especiales como cumpleaños y días festivos? ¿Te gustaría reforzar más los días especiales e importantes de tu relación?

Si el amor que sientes te hace bailar de felicidad cuando nadie te ve, entonces tienes una razón para celebrar. Este sentimiento tan especial es muy raro y tenerlo en tu corazón es un gran regalo. Incluso te hace querer abrazar a tu amado y nunca soltarlo. ¡Sí, esto es amor y debes celebrarlo!

Muchas parejas disfrutan salidas de varios tipos, pero la mayoría de las veces no son celebraciones. Cuando logramos el hábito de festejar más, le damos a nuestra relación una energía extra. El simple hecho de tener una relación exitosa (no precisamente perfecta) es razón para celebrar. Esto te da una profunda sensación de que todo gira alrededor de tu amor.

Claro, no puedes andar celebrando todo el día, pero siempre se puede festejar una parte o algunos momentos y acciones. Tener una actitud de celebración significa buscar lo positivo y, cuando lo encuentras, compartirlo con tu pareja para que sonrían juntos. Es así de simple, y cambiará la forma en que piensas y sientes.

Entre más capaz seas de reconocer las cosas buenas que tienes en la vida, se irán haciendo más fuertes, lo que te permitirá lograr una inmensa felicidad en tu relación y más allá de ella. Además, muchas veces, el celebrar le da un impacto positivo a tu forma de resolver problemas. No importa cuáles sean, se vuelven más fáciles de lidiar porque tienes una memoria llena de buenas cosas que han pasado y celebrado juntos.

Crear celebraciones puede parecer un poco tonto o ridículo para algunas personas, pero cuando empieces a entender el gran poder emocional que recibes de este hábito, vas a querer convertirlo cada vez más en parte de tu vida.

Los festejos pueden ser de muchos tipos. Celebrar el ganar dinero por algo es diferente a hacerlo por tener una buena relación. Algunas cosas merecen una fiesta y otras sólo una cenita a la luz de las velas. Recuerda: las formas en que puedes celebrar son infinitas.

Hacer una maravillosa fiesta de aniversario es una forma de festejar, decirle a tu pareja cuánto la amas, es otra. Los pequeños detalles hacen la diferencia. Qué tal te sentirías si al buscar algo en tu bolsillo encontraras una nota de tu amada que diga: "Te amo, ¡vamos a celebrar!" Seguro te haría el día (y tal vez la noche).

Siempre debes reconocer los triunfos, incluso los pequeños, con algún tipo de festejo. Es mucho más común y natural celebrar por algún premio que por el amor, pero puedes hacerlo por los dos al mismo tiempo. Cuando tengas éxito en la vida o en el trabajo, piensa que tu pareja fue parte de eso, así tendrás otra razón más para sentirte con ánimos de celebrar.

A veces te puedes sentir confundido entre celebrar o no algo que realmente lo merece; por ejemplo, si tu pareja se gana la promoción o el aumento que estuvo esperando, pero que significa más tiempo lejos de casa. Festejar en estos casos es más como un reto porque te produce emociones encontradas. Si te cuesta trabajo felicitar a tu pareja por su éxito, es síntoma de que necesitas trabajar ese asunto por tu cuenta, y más tarde, en conjunto. Debes ser cuidadoso y de ninguna forma hacer menos la victoria del otro. Felicítala y dale las gracias por obtener algo que quería para los dos.

Otro escenario que puede revolver tus emociones es cuando uno de los dos pierde peso y se pone en buena forma y el otro no. Esto es un reto para todos. Es muy común que tu amorcito te apoye mientras estás planeando o ya trabajando en tu propósito, pero cuando lo logras le puede generar muchas dudas. Cuando te vea más atractivo, se puede sentir inseguro sobre si vas a querer seguir estando con él. Incluso puede tener miedo de que te atraiga o te sientas atraído por alguien más.

La respuesta aquí es celebrar el éxito y discutir la situación. Deben llegar a acuerdos, de manera que los dos se sientan bien con el logro obtenido. No olviden hablar de esto con serenidad y asegúrate de que los dos quedaron conformes. Si alguno se gana una promoción y eso significa más tiempo fuera de casa, platiquen cómo van a balancear la situación para crear los tiempos de calidad que toda pareja necesita. Si uno de ustedes trabajó y se puso en buena forma, hable con el otro de todas las inseguridades que le puede generar; es una parte natural del proceso de crecimiento. Sin embargo, es muy importante platicar sin ninguna mala actitud o te costará trabajo tener sentimientos positivos en la discusión. Fíjate bien en lo que estás ganando y lo que vas a perder. En muchos de los casos, resulta difícil darse cuenta porque estás confundido. La mayoría del tiempo, cosas como este cambio son buenas. Piénsalo así, si tu pareja se siente mejor en lo que hace y con lo que es, es probable que tenga más tiempo y energía para ti.

El que se sienten juntos a platicar lo que tienen que celebrar y cuáles son los otros sentimientos que vienen o vendrán con esa victoria, los hará una pareja más unida. Encontrar lo positivo y lo negativo y compartir tus pensamientos con el otro es una experiencia súper vinculadora. Ésta es otra razón por la que este hábito resulta tan importante de desarrollar. Celebrar su relación se facilita cuando recuerdas algunos puntos importantes como:

- Estar en una relación es bueno para ti. La gente casada tiende a vivir más que su contraparte no casada. También tiene niveles más altos de felicidad. Obvio, no es un crimen estar soltero. Algunas personas prefieren estar solteras y ser más felices por esta vía, y tal vez sea su destino. Sin embargo, el matrimonio parece tener sentido desde el punto de vista médico.
- Los que siguen produciendo más amor en sus vidas, crean más oportunidades, dinero y diversión. Cuando tienes alguien a tu lado que se esfuerza por conseguir objetivos en común, lo lograrán mucho más fácil.

❧ Las relaciones nos pueden ayudar a ser una mejor persona. Muchas veces tenemos energía para hacer cosas por otros que no haríamos por nosotros. El amor es súper poderoso en ese sentido. Si tu pareja saca lo mejor de ti, es alguien que vale la pena.

❧ Puedes hacer más cuando tienes pareja. A veces esto es una motivación. Otras veces, sólo es lindo tener compañía; sin importar la razón, cuatro manos trabajan mejor que dos. También les ayudará poner juntos sus cabezas y corazones.

Mantener estos cuatro recordatorios en tu mente formará un patrón positivo para el resto de tu relación. Estar enamorado hace que las cosas malas se vean menos malas. Y una maravillosa forma de subir tus niveles de satisfacción con tu pareja es celebrar su relación.

Así que la próxima vez que pase algo bueno, no te limites a decir: "¡Qué padre!", haz algo para celebrarlo con la persona que ayudó a que eso pasara. Tu vida amorosa será mejor por eso.

7
Diversión

¿**S**ientes que tu relación podría ser un poco más divertida? ¿No tienes tiempo para jugar con tu pareja?

Mi media naranja y yo tenemos formas de conectarnos que creo que podrían ayudar a cualquier pareja a sentirse más cerca, así que pensé en compartir algunas.

¿Dónde está el oso? Un catorce de febrero, Día del Amor y la Amistad, mi adorada me dio un osito que sujetaba una rosa. No soy fan de los animales de peluche. El pensar en media docena de ositos descansando en mi almohada me parece poco varonil, pero acepté el regalo por el espíritu amoroso que tenía, imaginando que tal vez terminaría como juguete del perro en un futuro no muy lejano. Desde entonces, el osito ha aparecido en diferentes lugares, en el baño (sentado como en un trono), en mi escritorio haciendo como que escribe mis libros, junto a la puerta principal saludándome cuando mi pareja no puede, y eso me alegra el día. Casi nunca pienso en este juego, pero donde sea que reaparece el osito, siempre sonrío y me inspira a responder de alguna forma.

Intercambio de cartas. Cuando nos damos una carta, siempre es de forma diferente a lo tradicional. Agregamos palabras a las que ya están escritas, hacemos dibujitos graciosos o guardamos algo con significado (a mí me gusta poner algunos pétalos de rosa). Nunca firmamos sólo con nuestros nombres, siempre le ponemos algo sentimental. Esto de verdad transforma lo que puede ser un gesto superficial en un acto de amor verdadero. También nos escribimos notitas de amor. Poner energía en la palabra escrita mueve más que sólo mandar un mensaje de texto o un mail. No importa si lo escribes a mano en una hojita con forma de corazón o en tu cuaderno membretado, el impacto es potente, se transforma en algo que guardas para redescubrir y sonreír en varias ocasiones. En especial, me gusta cuando encuentro algo en mi portafolio; a ella le gusta encontrar notas en su almohada. Enviar una tarjeta o nota por correo tradicional también es un acto maravilloso. La gente ya casi no lo hace, así que adquiere un enorme significado.

Nuestro mesaversario. Los doce de cada mes celebramos el día que nos conocimos. A veces el festejo es tan pequeño como una cena en casa y a veces tan espectacular como una noche en el centro de la ciudad. La actividad es lo de menos cuando sabemos que, no importando lo que pase, tenemos un día especial para los dos al menos una vez al mes.

Saborear recuerdos. Algo que tenemos en común y que refuerza nuestra unión es que a los dos nos gusta tomar fotografías, ¡muchas! Yo soy feliz cuando imprimo una o dos y las pongo en los portarretratos familiares; a ella le gusta hacer álbumes de esos que incluyen *tickets*, programas, notas, mapas… De vez en cuando revisamos los álbumes y las fotos de la computadora. Esta actividad siempre nos hace sentir unidos.

Siéntete libre de tomar prestada cualquiera de estas ideas, o encuentra tus propias formas de divertirte reconociendo lo bueno de tu relación y haciendo sentir especial al otro. Descubrir cosas que los hacen reír es bueno para construir relaciones sanas.

La diversión le da muchos beneficios a las relaciones. Incluso las acciones más pequeñitas, que parecen tontas o triviales, tienen un significado muy profundo en el cuadro que forma tu relación. Para reforzar los cimientos de tu relación, debes poner consideración, cuidado, amor y diversión, y mezclarlos muy bien.

No es difícil hacer que tu amor crezca. Cada vez que le robas una sonrisa a tu pareja se producen hormonas como la oxitocina –a veces llamada "hormona del amor" o "de los mimosos"– en los cerebros de los dos, lo que hace que se sientan más cercanos. Uno de los beneficios de jugar con tu pareja es que te conectas en un nivel más profundo.

Ser juguetón y despreocupado es saludable y necesario, al menos un rato. En vez de andar siempre concentrados en las cosas más profundas y las emociones más serias (incluso si son buenas), tienen que tomarse un tiempo para jugar. Sin embargo, necesitamos recordar que si andamos de juguetones y nuestra pareja no está de humor, es mejor respetar lo que está sintiendo en ese momento, porque si no podemos parecer insensibles.

También recuerda que algunas formas de diversión o de juego funcionan mejor si siempre se mantienen guardaditas en la privacidad de tu propia casa.

Cosas que puedes hacer para robarle una sonrisa. Hay tantas cosas que puedes hacer para mejorar tu relación… sólo que a veces, cuando quedamos atrapados en la rutina diaria, es muy fácil olvidar que existen. He aquí algunas otras cosas que puedes hacer para dibujar una sonrisa en la cara de los dos.

- Vean *Stand by me –Playing for Change– Song around the world.*[1] Véanlo juntos en «www.youtube.com». En verdad es una experiencia que les robará una sonrisa. Luego busquen otras cosas divertidas o interesantes que ver y disfrútenlas juntos.
- Enmarca tus fotos favoritas en las que aparecen los dos. Algunos pensarán que es un exceso, pero ser capaz de verte a ti mismo en tu mejor pose con tu amada les aumentará la confianza. Esto se llama narcisismo saludable.
- Preparen una comida maravillosa juntos. Puede ser sólo para ustedes o pueden invitar a amigos que disfrutarán experimentando su visión de una cena perfecta. Ponte en contacto con tu chef interno y saboreen su creación.
- Hace mucho tiempo, cuando la gasolina no era tan cara, las parejas salían a dar la vuelta en sus

---

[1] Es un video que muestra a diversos cantantes callejeros de todo el mundo. Cada uno canta o toca una parte de la canción "Stand by me".

coches para distraerse un rato. Sal a dar la vuelta por tu colonia, ve por las calles que nunca has andado. El descubrir cosas nuevas a tu alrededor puede liberarte un poco del estrés.

❧ Vayan a un refugio de animales en un día de adopciones o a una tienda de mascotas y acaríncienlos. No te estoy diciendo que te lleves uno, el punto es dar y recibir un poco de amor de un animalito sin hogar que necesita cariño. Si deciden adoptarlo (y si no también) los dos estarán dando amor a otra criatura, lo cual hará su relación más fuerte.

❧ Pónganse guapos para ir a la tienda o para dar una vuelta. Mucha gente se siente mejor cuando sabe que se ve bien. También se pueden vestir para una noche en la ciudad. Cuando te arreglas, te sientes bien con el otro y con la persona que ves en el espejo todos los días.

❧ Lean juntos un libro completo. Se relajan, se envuelven en la historia de alguien más y tienen una sensación de satisfacción por cumplir una meta, ¡y todo esto mientras se entretienen! La ficción es lo mejor, pero si les gusta la autoayuda, también está bien. Leerle uno al otro puede ser súper romántico.

La vida tiene mucho que ofrecer. Como decía Rosalind Russell en *Tía y mamá*: "La vida es un banquete y los pobres tontos se mueren de hambre". Encontrar la diversión en tu relación todo el tiempo puede ser difícil, pero si agregan suficientes momentos enriquecedores, ¡tendrán una vida deliciosa!

8
Conocer
las necesidades

¿Te cuesta trabajo pedir lo que necesitas en tu relación? ¿Tienes miedo de que se convierta en una discusión o termine mal? ¿Algunas veces no tienes claro lo que esperas de la persona con la que compartes tu vida? ¿Tu pareja y tú son conscientes de lo que quieren para estar bien? Su relación prosperará cuando sepan las necesidades del otro.

Por favor, entiende que hay una gran diferencia entre lo que necesitas y lo que quieres. En pocas palabras, es como tener hambre y tener un antojo. Una es una necesidad (hambre) y la otra un deseo (antojo). No debes confundirlas cuando le pides algo a tu pareja. Asegúrate de que tus necesidades son reales y que tu pareja se encuentra en el momento adecuado para conocerlas.

La persona que amas responderá más fácil a tus necesidades que a tus deseos. Cuando en realidad te hace falta algo, la persona que se preocupa por ti lo sentirá y estará inspirada a hacer algo al respecto. Si nuestros seres queridos solicitan algo, hacemos lo posible por ayudar. Pero sé consciente de que tu pareja se sentirá menos inspirada si quieres algo "sólo porque sí".

Tus deseos son asuntos que tienes que arreglar por tu cuenta, no algo que tu pareja tenga que cumplirte. Por favor, revisa tus motivaciones si sientes que algo es causa de ruptura. Cualquiera puede estar tan atrapado en sus deseos que puede llegar a pensar que en realidad necesita el objeto o la acción, así que sé cuidadoso cuando des a conocer a tu compañero tus necesidades, y asegúrate de que son reales.

Tal vez la parte más difícil de este ejercicio es identificar tus necesidades. Separar tus deseos de lo que necesitas puede ser un reto, ya que para ti podrían parecer iguales. Éste es un proceso mental y emocional. Debes identificar tus necesidades reales para no frustrar a tu pareja y agobiar tu relación. Nunca alcanzarás la felicidad o el equilibrio con tu media naranja si con frecuencia confundes deseos con necesidades y piensas que éstas son ignoradas.

Podrás abordar este tema con tu pareja sólo cuando sepas cuáles son tus verdaderas necesidades. Es importante estar seguro de que tus peticiones son razonables. De nuevo, si tu pareja siente que lo que pides es innecesario o frívolo no estará muy dispuesta a hacer cambios por ti. No puedes pedir la Luna, pero puedes pedir pasar más tiempo con tu amorcito si precisas más momentos románticos. Tu pareja estará feliz de acceder a una relación feliz y amorosa.

Tienes que expresarle a tu pareja lo que necesitas una vez que lo hayas decidido. Si esperas que alguien lea tu mente, hay grandes probabilidades de que te quedes esperando. Encontrarás que es más fácil dar a conocer lo que requieres si eres claro en el porqué y si eres considerado.

❧ Expresa tus necesidades con gentileza. No puedes culpar a tu pareja por no satisfacerlas si ni siquiera sabe cuáles son, tampoco por no darse cuenta de que te sientes ignorado si nunca se lo has dicho.

❧ Sé proactivo y directo. Cuando te sientes inestable puedes pedir un abrazo o que te sostengan la mano. El primer paso para dar a conocer tus necesidades es estar cómodo con expresarlas y compartirlas.

❧ Siéntete bien al pedir. Para sentirte bien al pedirle algo a tu pareja, recuerda que es poco probable que rechace tu petición. Habrá más posibilidades de satisfacer tus necesidades si éstas son honestas y sensatas.

❧ Sé tan simple y breve como puedas. Es importante establecer tus necesidades de manera concreta. Es probable que dar una larga explicación sobre tus problemas en la niñez no te ayude en este caso. El truco es hablar sobre tus propios sentimientos y evitar que tu pareja se sienta mal por cómo te estás sintiendo. Sé respetuoso y verás que conocerá tus necesidades más pronto de lo que imaginas.

❧ Estén en el mismo cuarto. La mejor forma de confiar en alguien y dar a conocer tus necesidades es estando en estrecha cercanía. Una llamada telefónica puede funcionar, pero el contacto cara a cara es la mejor forma de avanzar. Se trata de platicar con alguien que escuchará por lo que está pasando tu corazón. Hablar sobre tu dolor ayudará a disminuirlo, y conforme tu pareja te escuche con atención, sus vínculos se fortalecerán.

❧ Ilustra lo que necesitas con ejemplos. Si estás preparado con ejemplos, será más fácil para tu media naranja entender lo que necesitas de ella y por qué.

Puedes sentirte un poco tímido de sacar el tema y, de hecho, eso es una buena señal porque significa que estás pensando en cómo lo pueda tomar. Por lo general no cae bien un asunto serio sin algún tipo de advertencia. Intenta sacar el tema con delicadeza y de manera que no genere una confrontación (si es que tu pareja no reacciona bien cuando se le pide algo). El simple hecho de preguntar si es un buen momento para hablar puede funcionar de maravilla. También puedes decirle que tienes algo que abordar como pareja si es que tiene tiempo. Si dice que no, pregúntale cuándo sería un buen momento para hablar. Asegúrate de obtener un compromiso, ya que debes de tener esta discusión antes de empezar a sentirte ignorado.

Aquellos que son incapaces de pedir o que esperan que el otro sepa lo que necesitan, son más propensos a ser inestables en las relaciones. Esto pasa porque sus corazones siguen sin consuelo. En vez de pedirlo se retiran o se enojan porque no se sienten bien consigo mismo.

Sería genial si pudiéramos ser del todo autosuficientes y no necesitáramos el soporte emocional de otros, pero entonces no sentiríamos la necesidad de amar y ser amados si el mundo fuera así. Es más fácil lidiar con el resto de las cosas cuando se tiene un soporte emocional. Cuando no lo sientes, el peso de tus cargas se vuelve muy grande y tu habilidad de encontrar el lado positivo de las cosas disminuye.

Si tu pareja es incapaz o no está dispuesta a conocer tus necesidades, puede significar que hay un corazón herido. Tal vez, primero tienes que descubrir cuáles son las necesidades de tu pareja y resolver ese problema antes de poder dar a conocer las tuyas. A veces tenemos que dejar nuestro dolor de lado para atender el del otro porque requiere más atención de inmediato. Aunque esto no es injusto, puede ocasionar algunos problemas, pero por lo general una pequeña conversación despejará las cosas y ambos terminarán obteniendo lo que necesitan del otro.

Dar a conocer tus necesidades no es una tarea imposible. De hecho, es más fácil de lo que piensas. Todo empieza con saber lo que requieres y tener una conversación sincera, donde compartas tus sentimientos de manera gentil y amable. Cuando alguien te ama hará lo que sea para ayudarte a encontrar lo que necesitas en el momento. Sólo pídelo.

9

Aceptación

¿Ser capaz de aceptar las cosas como son hace tu vida más fácil? ¿Y cuando cambian las situaciones o la gente, Te dejas llevar por la corriente o peleas para mantener las cosas como son?

Hay dos tipos importantes de aceptación en las relaciones románticas que también te servirán en otras áreas de tu vida. El primero es tomar las cosas como son o apreciar situaciones por su valor real. Por ejemplo, aceptar que tu pareja siempre llega quince minutos tarde. Al aceptar este hecho como una de sus características, te sentirás menos frustrado cuando lo haga.

Aceptar a tu pareja tal y como es puede hacer una gran diferencia al resolver problemas. Tal vez tu compañero es del tipo de personas que requieren pensar un poco antes de decidir. Al aceptar este hecho evitarás interminables horas de frustración mientras esperas a que tome una decisión. Es decir, tienes que aprender a darle un poco de espacio para que organice sus pensamientos y sentimientos.

Aceptar las cosas como son en tu relación no significa abandonar tus deseos para mejorarla. Dependiendo de las razones, tal vez la forma más positiva de lidiar con problemas es desarrollar el hábito de la aceptación. Cualquiera que sea el caso, el poder entender las cosas es una herramienta maravillosa que te ayudará en casi cualquier situación.

Admitir cómo está tu relación en la actualidad y aceptar lo que la vida te da puede ser un reto. Pero si entiendes que las diferencias, opiniones y gustos hacen las conversaciones, y la vida en general, más entretenidas, tendrás la capacidad de abrir tus horizontes y pensar en cosas nuevas. Son nuestras diferencias las que nos hacen interesantes.

El otro tipo de aceptación es la que provoca un cambio. Se ha dicho que la tolerancia es la respuesta a todos nuestros problemas. A través de la aceptación tenemos un punto de partida para hacer cambios, un entendimiento de quiénes somos (así como de quién es nuestra pareja), y dónde queremos y necesitamos estar. A veces puede ser de gran ayuda hacer una lista de lo que sucede en tu relación y de cómo te gustaría que fuera. Si tu pareja hace el mismo ejercicio, puede ser de gran ayuda. Es muy sencillo.

Ejercicio: provocar cambios

✓ **Paso 1.** Haz una lista de las cosas que sientes que no están funcionando en la relación.

✓ **Paso 2.** Da una o dos soluciones a cada problema de los que planteas.

✓ **Paso 3.** Intercambia la lista con tu pareja para que cada uno pueda entender ciertos comportamientos o circunstancias que pueden ser difíciles para el otro.

✓ **Paso 4.** Traten de arreglar sólo un problema a la vez, incluso si tienen muchos. Eviten abordar varios al mismo tiempo para que ninguno de los dos se sienta abrumado. Su relación comenzará a transformarse una vez que hayan decidido en qué están dispuestos a cambiar y estén listos para hacer algo al respecto. Al provocar cambios en conjunto despejarán su mente y harán más espacio para fortalecer su conexión.

No importa si te encuentras en una situación muy mala, aceptarla es el primer paso para cambiar. Mientras no estén listos para admitir que necesitan hacer algunas transformaciones, no las harán. Cuando veas o experimentes algo en tu relación que no funciona, entiende que necesitas hacer algo.

Sé paciente. Por ejemplo, si tú y tu pareja se sientan y acuerdan que no están haciendo tanto dinero como les gustaría, tendrán que aceptar que esta circunstancia no cambiará de un día para otro. Pueden trabajar en equipo para identificar áreas donde se pueden hacer recortes y así gastar menos, lo cual beneficiará sus finanzas. Este acercamiento se puede aplicar en varias situaciones similares.

Recuerda que la aceptación es muy diferente a darte por vencido. Si tu pareja siente que estás dejando cosas pasar, tratará de hacer lo mismo, o quizá renunciará. No queremos ninguno de estos resultados. Discutan qué es lo mejor para ambos y pongan energía en sus siguientes pasos como equipo.

Mejorar es más fácil cuando las parejas se aceptan a sí mismas y a su relación no sólo como un lugar de confort, sino como una plataforma para crecer. Esto permite que tu amor florezca.

La aceptación puede ser la clave para una relación feliz. Si te rindes con las pequeñas cosas, las grandes te complicarán la vida. Ser terco hará tu vida más difícil, y los dos podrían envejecer sentados esperando a que el otro dé el primer paso. Acepta que la persona que amas tiene diferentes formas de hacer las cosas y apóyala en sus esfuerzos. Da un poco y recibirás mucho.

También debes aceptar que las buenas relaciones necesitan trabajo duro. Esto quiere decir que no todos los días ni todas las interacciones serán buenos. Tienes que aceptar que ninguno de los dos son perfectos y darse el chance de ser humanos.

Las cosas y las personas se descarrilan, pero con un poco de tiempo, la mayoría de las veces, todos encontramos la forma de regresar al buen camino. Dos herramientas muy poderosas son: primero, hablar y determinar dónde se encuentran y, segundo, hacer una lluvia de ideas para mejorar las cosas. Es importante que los dos sean honestos sobre lo que les pasa o piensan, y sobre lo que están dispuestos a aceptar para ustedes y para su relación. Si son pacientes y se comunican con claridad, pueden hacer su relación como quieren que sea.

No te enojes si alguien que te importa te pisa por accidente. Es mejor dejarlo pasar recordando las veces que tú has cometido un error. Dos personas no pueden vivir juntas sin darse de topes contra la pared; esto tiene que ser aceptado como parte de la vida y de la relación. Una vez que lo hagas, será más fácil lidiar con los altibajos de estar en pareja.

Otra forma de aceptación es acordar estar en desacuerdo. No pierdan tiempo valioso enojados por un malentendido. No se trata de rendirse, sino de seguir adelante. Y recuerden, reconciliarse es más divertido que estar molesto. Aprendan a discutir las cosas y a levantarse uno al otro, no a pisotearse.

A veces, la vida se vuelve extraña y es más sano aprender a lidiar con los cambios que negar su existencia o convertirlos en un minidrama. Cuando ves tu vida como un todo, por lo general cuadra. Necesitamos aprender a aceptarnos los unos a los otros y las circunstancias de nuestras vidas para mejorar nuestra existencia y relaciones. Haz una honesta evaluación sobre dónde te encuentras en la vida y acéptalo. La verdad es que esa es la única forma en la que puedes avanzar al siguiente nivel.

La aceptación es un hábito muy fácil pero casi nunca se le pone atención dentro de las relaciones. Una buena idea para recordarla en casa es hacer una lista con las mejores formas de practicarla.

Diez formas de practicar la aceptación

A - Acepta las diferencias.
C - Comprometerse es importante.
E - Estima el proceso.
P - Paciencia. Cuídala, vale oro.
T - Templa tu temperamento.
A - Acuerda estar en desacuerdo.
C - Compasión es la clave.
I - La ironía debe ser tolerada.
O - Ordenar a los demás qué hacer es contagioso, así que evítalo.
N - Negocia con amabilidad.

10

Optimismo

¿Te has preguntado por qué unos días son mejores que otros? ¿Cómo le haces para pasar del buen humor a estar de malas en sólo unos segundos? ¿Te asombran las parejas que parecen no tener problemas? Mucho del éxito de las parejas depende de su actitud positiva ante la vida y hacia ellos.

Tal vez la decisión de mantener una actitud positiva es la clave para lograr la armonía en todos los sentidos. En muchos casos, el optimismo es una elección que hacen las parejas sabiendo que tienen la habilidad de controlar sus comportamientos, inclusive su humor cuando es necesario.

La mayoría de las personas creen que no se puede crear el optimismo, para ellos es o no es, y eso es un error. Puedes alentarte para ser más optimista, y a tu pareja también. Sólo tienes que aprender a hacerlo. Piensa en un atleta profesional que ha perdido un juego y después tiene que animarse (y al resto de su equipo) para el siguiente juego. Los entrenadores ayudan mucho, así que no ignores a los profesionales. Esto es a algo que ambos, como pareja, pueden recurrir.

Una actitud positiva empieza creyendo en ti mismo y en tu relación. Ayuda a reconocer que ambos son buenas personas y merecen el amor y la amabilidad del otro. Necesitas estar en el mismo canal que tu pareja y reafirmar su conexión. Si creen el uno en el otro y quieren un estilo de vida positivo, tienen que comprometerse a hacer su mayor esfuerzo para mantener una actitud positiva en todos los aspectos de la vida.

Esto es más fácil decirlo que hacerlo, pero en verdad pueden crear una relación positiva siempre y cuando quieran. Todo lo que se necesita es voluntad para hacer pequeños ajustes en su actitud hacia la vida y hacia ustedes.

Como primer paso, tienen que reafirmar su relación, la cual requiere comunicación. Necesitan hacer algo de espacio y sentarse a platicar. Para reconectar su amor, tómense una hora sin interrupciones y sin pensar en nada más.

Ejercicio: reafirmar su relación

✓ **Paso 1.** Empiecen sentándose juntos en un lugar cómodo y mírense a los ojos.

✓ **Paso 2.** Dile a tu pareja que quieres hacer las cosas con más optimismo y así mejorar la vida de los dos.

✓ **Paso 3.** Deja que tu pareja exprese su deseo de hacer su relación más positiva.

✓ **Paso 4.** Luego, tomando turnos, propongan una cosa que podrían hacer para hacer sus vidas más positivas.

✓ **Paso 5.** Escriban las acciones a realizar y péguenlas en el espejo del baño para poder verlas todos los días.

Sean específicos. Propuestas como: "Sólo cambia tu actitud", no funcionan porque no dan suficiente orientación. Tu otra mitad puede necesitar que seas más descriptivo sobre qué te gustaría ver en ella. No olvides que esto es algo que se "siente", y tomará sólo unos momentos para poder ver resultados. El optimismo es un proceso de desarrollo.

Concentrarte en ti cuando no te sientes bien con tu relación o con la vida es otra gran forma de construir una actitud optimista. Una vez que aprendas a reconocer cuando no estás generando pensamientos positivos podrás hacer algo para cambiarlos.

Aquí hay algunas cosas que puedes hacer para transformar pensamientos negativos en positivos:

- Da un paseo.
- Lee un libro ligero.
- Ve algo gracioso en internet o en la televisión.
- Navega en internet.
- Escribe tus sentimientos.
- Juega con tu mascota.

Si estás en medio de una conversación con tu pareja y empiezas a sentir cosas negativas, tómate un descanso. Dile que necesitas unos minutos para arreglar tu actitud. El secreto está en no dejar que pensamientos oscuros se apoderen de ti. Cambiar estas tendencias y actitudes por algo benéfico o divertido disminuirá lo no deseado hasta que desaparezca. Después podrás remplazarlos con acciones y pensamientos positivos.

Otra herramienta para reforzar la energía positiva de tu relación es ser consciente de los rencores y dejarlos ir. Otra vez, es más fácil decirlo que hacerlo, pero ha ayudado a muchas parejas a reconocer que tenían resentimientos hacia el otro. La clave para cambiar este comportamiento es transformar su dinámica y aceptar que sus planes no están funcionando. De hecho, esto se volverá automático una vez que sean conscientes de que pueden relacionarse de formas diferentes y mejores.

Toma el ejemplo de Fred y Wilma, cuyo matrimonio de varias décadas se había vuelto más y más tenso. De hecho, cuando empezaron la terapia, habían llegado al punto de vivir como compañeros de habitación más que como pareja.

Wilma siempre había ganado más dinero que Fred y, sin notarlo, ambos habían acumulado resentimientos por eso. Una vez que se dieron cuenta de que Fred sentía que no era bueno porque aportaba menos a la casa, Wilma pudo decirle que sentía una molestia por pagarle algunos gastos y pasatiempos.

A través de pláticas y algunas lágrimas, al final entendieron por qué se estaban comportando como dos extraños. La conversación inspiró a Fred a buscar un puesto con mejor sueldo, el cual creó un mayor equilibrio financiero y emocional para ambos.

Al arreglar los distanciamientos ocasionados por el resentimiento o cualquier otro problema, se logra hacer espacio para más optimismo en tu relación. Cuando hay más cercanía y menos conflictos, pueden sentirse mejor el uno con el otro.

Aquí hay algunas ideas de cómo crear más energía positiva en su vida amorosa.

❧ Hagan una comida juntos. Cuando dos corazones y cuatro manos preparan una comida o cena, es alimento para el alma, no sólo para el cuerpo. Hagan de ésta una tarea divertida,no una fastidiosa y, como ya les dije, encuentren a su chef interior. Las parejas que cocinan y comen juntas tienen mejores relaciones que aquellas en las que cada uno se las arregla por su cuenta para alimentarse.

❧ Tomen una clase juntos. Si ambos tienen tiempo libre y deseos de crecer, pueden tomar una clase juntos y ver cómo les funciona. Conozco una pareja que decidió tomar un curso de ventas de bienes raíces, aun cuando sólo uno de ellos quería ser vendedor. Fueron capaces de ayudarse con los estudios y el examen (que ambos pasaron) y después establecieron un negocio propio. Por supuesto, esto no pasó de un día para otro, pero fue el proceso lo que los hizo más felices y los acercó más.

❧ Hagan trabajo comunitario juntos. Ser voluntarios en algo así puede crear una gran cantidad de energía positiva en su relación. Ayudar a los menos afortunados como pareja los llenará de emociones que mejorarán su conexión. Así, conforme vean que sus esfuerzos hacen una diferencia en la vida de otros, verán que también hace una diferencia en la suya y en su relación.

❧ Usen la visualización. Visualizarse a ustedes mismos como una feliz y exitosa pareja es otra cosa que pueden hacer para volver el hábito del optimismo parte de su vida. Ver que las cosas mejoran en su mente hará que se vuelvan realidad. Intenten esto: tómense de la mano mientras imaginan la vida que quieren. Sean realistas y visualicen lo que pueden obtener y disfrutar. Después compartan su visión. Una vez que hayan terminado, escojan las cinco cosas que más les gustaron y visualicen de nuevo en voz alta y en pareja. La visualización es genial y muy poderosa cuando la pueden hacer juntos, pero también puedes usarla en cualquier momento por tu cuenta.

Hacer el compromiso de cambiar es importante. Lograr esos cambios de manera positiva y con actitud optimista, lo es más aún. Dense el regalo de una relación feliz apoyándose el uno al otro para crear el hábito del optimismo. Y siéntete bien con la persona que escogiste para pasar el resto de tu vida.

Adentrarse al hábito del optimismo y permitirse fluir con facilidad en la relación es una manera maravillosa de viajar por la vida con la persona que amas.

11
Conexión

¿Alguna vez te has sentido desconectado de tu pareja? ¿Te preguntas a dónde se fue aquella unión que tenían? Tener poca conexión emocional puede hacerte sentir vulnerable e inseguro.

Muchas parejas usan el sexo como una forma para conectarse. El poder de la unión física puede hacerte sentir amado. Pero hay más en la vida de lo que pasa en la cama, y necesitas encontrar otras formas de mantener esa unión, incluso tiempo después de hacer el amor.

Las parejas que no se conectan de manera regular pelean más, tienen menos interacciones que involucren los sentimientos y enfrentan más problemas en su relación. La inseguridad que provoca una conexión pobre genera comportamientos que la combaten, por lo que será común que estén a la defensiva.

El sentimiento de desconexión hace que sea más fácil pelear, y las peleas serán con menos respeto, lo que puede convertirse en una relación conflictiva. También te harán más irresponsable con las necesidades de la otra persona, lo que los llevará a tener resentimientos más grandes.

La conexión no se refiere al sexo o a tomar largas caminatas por la playa. Es saber que tienes la completa atención de tu pareja cuando hablas. Es poder reconocer el humor de tu compañero y tener la capacidad de ayudarse a cambiar lo negativo en positivo, sólo con recordar que tienen una conexión profunda y real.

Si en últimas fechas te has sentido distante, la reconexión es más fácil de lo que piensas, pero necesita que le dediques tiempo suficiente para mantenerla y hacerla un hábito. Con nuestras vidas ocupadas y el mundo girando a una velocidad impresionante, recordar dedicarle un tiempo a la persona que amas puede ser un verdadero reto. Pero vale la pena intentarlo.

Hay un ejercicio maravilloso que les puede ayudar a descubrir una conexión más profunda. Lo he usado con gran éxito en muchas parejas.

Ejercicio: conectarse

✓ **Paso 1.** Empiecen sentándose frente a frente y que sus rodillas se toquen. Tómense de las manos. Respiren profundamente y al mismo tiempo para incrementar su conexión. Ahora mírense a los ojos y concéntrense en lo que aman de la otra persona. Piensen en todas las cosas pequeñas que su pareja hace por ti y cómo te hace sentir.

✓ **Paso 2.** Ambos deben detenerse un momento para pensar lo que están sintiendo, y no se sorprendan si salen algunas lágrimas o se sienten algo ansiosos, es parte del proceso. Pueden experimentar muchas emociones al mismo tiempo. Es de lo más normal y les permitirá saber qué áreas son de las que deben hablar. Dense un minuto o dos para entender estos pensamientos y sentimientos.

✓ **Paso 3.** Compártanse lo que han pensado y lo que aman de la otra persona. De nuevo, no es una competencia, así que tómense su tiempo y permítanse sentir cómo el amor les llega. Piensen que se están dando una carta de amor hablada (y, por qué no, pueden escribirse una también).

Este pequeño ejercicio y pocas palabras pueden reconstruir tu relación. Recomiendo que las parejas que se han sentido desconectadas hagan este ejercicio todos los días por algunas semanas, para reforzar su conexión y hacer más profundo su amor por el otro. Las parejas que tienen una unión sólida pueden manejar la mayoría de los problemas que la vida les pone porque saben que los enfrentan juntos. Esto es una profunda forma de afirmación. Una buena conexión con tu compañero los hace más fuertes y mejora su habilidad de enfrentar casi cualquier problema.

Sentirse más conectados se hará más natural una vez que se les haga un hábito. Será algo que buscarás que suceda y que extrañarás cuando se detenga.

Hay muchas otras cosas que puedes hacer para crear y mantener una conexión positiva con la persona que amas. En estos días es aún más fácil mantenerte en contacto con tu pareja. Los mensajes de texto, uno de los muchos regalos de la tecnología, son una forma maravillosa de seguir unidos y recordarle a tu pareja que estás cerca y que te importa, incluso cuando no están en el mismo lugar. Los *mails* funcionan de la misma manera, y tal vez la mejor de todas es el celular, en especial si se pueden ver usando Skype o FaceTime.

Sorprenderlo con una nota de amor hará que su día se ilumine. La verdad es que con todo el estrés en el mundo, recordar que están conectados disminuirá su ansiedad y hará que tengan un mejor día.

Otra gran herramienta de conexión es sorprender a tu pareja de manera positiva. Llenarlo de regalos de amor inesperados y atención puede ayudarte muchísimo a hacer que tu pareja se sienta más conectada contigo. Mostrarle que en verdad estás involucrado en tu relación es parte de tener una buena conexión y, en realidad, una buena forma de hacerlo. Por supuesto, recordar las fechas significativas y las citas resulta importante, pero aparecer de sorpresa para ayudar o apoyar a tu compañero cuando esté luchando contra algún reto, es una forma maravillosa de profundizar su vínculo y hacerlo un hábito.

Tener una buena conexión no significa estar atados uno al otro. Significa ir con él a su cita con el doctor si crees que tal vez necesita tu compañía. Ir juntos al doctor es rutina para la mayoría de las parejas, pero si te van a dar resultados de algunos exámenes médicos y te sientes ansioso, no hay nada mejor que tener una pareja que te ame y un par de oídos comprensivos que te acompañen.

Una parte importante del hábito de la buena conexión es reforzar la idea de que estas ahí para tu pareja, sin importar lo que sea.

No tengas miedo de preguntarle cómo siente su conexión o de contarle tus sentimientos. Hacer esto de forma regular fortalecerá su vínculo y los hará sentir mejor en su vida y su amor.

Si tienes problemas para comunicar lo que sientes, por favor considera que tu pareja necesita oírlo en palabras. Piensa que las acciones pueden hablar más fuerte, pero son las palabras suaves las que la gente conserva en su corazón. Te sugiero que hablen de cómo se sienten respecto a su conexión. No tienen que hacerlo todos los días, pero sí de manera constante. Afirmar sus sentimientos es la manera en que podrán hacer más sólida su unión para que cuando los problemas ocurran (y siempre lo hacen) tu pareja se sienta segura. Dudar de tu conexión con el otro es la última cosa que quieres pasar cuando están enfrentando algún problema.

Para mantener tu vínculo sólido, sólo tienes que volverlo una prioridad. Una vez que se acostumbren a una fuerte conexión van a querer que se haga aún más fuerte. ¡De verdad, es así de bueno!

12
Honestidad

¿Confías en tu pareja? ¿Alguna vez has sospechado o te has sentido inseguro de ella sin razón? ¿Se te ha hecho raro su comportamiento pero no has dicho nada para no lastimarla? ¿Es la honestidad un valor importante en su relación?

La confianza en las parejas puede ser definida como el saber que las intenciones de tu compañero siempre son honorables. La falta de honestidad puede desgastar la base de una relación, dejando una pareja confundida e insegura acerca de su conexión y de su vida. También crea una dinámica en la que uno o ambos se sienten inseguros de pedir ayuda porque no confían en que su pareja les dé el apoyo que necesitan.

Las parejas que no tienen un alto grado de honestidad sufren de baja moral, pues se acostumbran a aceptar sin reproches las debilidades y errores del otro. Pasan el tiempo comportándose de acuerdo con las situaciones en vez de trabajar juntos por resultados positivos. Si sientes que no puedes decirle todo a tu pareja, tienes un problema que sólo se hará peor con el tiempo, así que lo mejor es arreglarlo lo antes posible.

Cuando sabes que puedes confiar por completo en tu compañero, se van muchas de las preocupaciones. Te sientes más seguro con tus emociones. Sabes que todo está mejor, no sólo con tu pareja, sino en tu vida. Tener una relación basada en la honestidad crea una barrera entre tú y las dificultades del mundo. Cuando tienes a tu lado a alguien en quien confiar, es más fácil tomar riesgos que te ayuden a crecer.

El hábito de la honestidad puede crearse en cualquier momento. Claro, es mejor si tu pareja lo propicia, pero incluso si sientes que es un reto decirle la verdad puedes aprender y ser recompensado por hacer de la honestidad parte de tu relación y de tu vida. Aquí te doy unas cuantas reglas básicas:

- Decir la verdad construye la confianza. Una de las reglas más importantes para generar y mantener la honestidad es siempre hablar con la verdad. Estar abierto y ser honesto sobre los pensamientos y sentimientos que no dices ayuda a reforzar la fidelidad tanto física como emocional.
- No debes cuestionar nunca la integridad, lealtad o comportamiento de tu pareja en el mundo o en su relación. La honestidad no significa confesar tus malas acciones después de hacerlas. Para empezar, se trata de ser alguien honrado y confiable en todos tus actos, así que nunca tendrás que "soltar la sopa".
- Una cultura de honestidad significa ser honesto todo el tiempo. Mucha gente cree que está bien decir algunas mentiras piadosas para evitarle a tu

pareja un disgusto, y a veces es cierto, pero no puedes tener una relación basada en la honestidad sólo en algunas ocasiones. Si tiendes a omitir o suavizar la verdad para hacer que la cosas se vean un poquito mejor, puedes, de hecho, lastimar tu relación de manera profunda. Tratar de proteger a tu pareja o buscar evitar verte mal ante sus ojos puede crearte más problemas que ni valen la pena. Lo mejor es ser honesto en todo lo que hagas.

❧ La verdad puede ser delicada. Si tienes que decirle algo a tu pareja que tal vez no le vaya a agradar mucho que digamos, sugiero que lo hagas con el mayor tacto posible. Decir la verdad de forma brutal se ha puesto de moda, pero he visto que hace más daño que bien. Necesitas suavizar tu honestidad con algo de amabilidad. Puedes ser honesto sin tener que ser grosero. Busca ser gentil, o tu mensaje se volverá hostil. Ambos estarán mucho más preparados para comunicarse si sus corazones están a salvo en el proceso.

La honestidad no sólo se trata de decir la verdad, es decirla de manera que tu pareja la escuche y se vea beneficiada con ella. A todos nos gusta que nos digan lo increíbles que somos, pero tal vez necesitamos hacer unos pequeños ajustes a nuestra forma de hacer las cosas. Es ahí donde un poco de honestidad, de alguien que amas y en quien confías, te ayudará a hacer los cambios para que hagas de tu mundo un mejor lugar.

Para que tengas los pensamientos más claros, imagínate que eres integrante de una gran compañía y que tu pareja comparte (o quiere compartir) contigo una idea que ha escrito. El siguiente ejercicio te mostrará cómo dar una crítica constructiva.

Ejercicio: dirigir a tu pareja

- ✓ **Paso 1.** Siéntate derecho y escucha con atención a tu pareja mientras habla.
- ✓ **Paso 2.** Detente y piensa antes de responder. Recuerda que tu tono y acercamiento importan mucho si quieres dar un comentario constructivo.
- ✓ **Paso 3.** Inicia con algo positivo. Por ejemplo, dile que hizo un excelente trabajo.
- ✓ **Paso 4.** Si notas algo que mejorar, pregúntale a tu pareja si quiere una crítica constructiva antes de darla. Nunca inicies con un "oye, olvidaste esto" o "eso jamás funcionará".
- ✓ **Paso 5.** Si acepta que le hagas un comentario, hazlo en forma positiva, por ejemplo: "Pienso que si lo haces de esta forma, podría ser mejor". Sé lo más específico posible.

Este acercamiento por lo general funciona. Si lo empiezan a hacer juntos, agradecerán el tener a alguien en su vida que puede ser un espejo maravilloso y que puede decirte lo que en realidad debes y necesitas oír.

Cuando pregunto qué cualidades quieren las personas en su pareja, la mayoría pone a la honestidad por encima de las demás. Muchos de nosotros hemos tenido en algún punto un amigo o familiar que nos miente, o peor aún, una pareja deshonesta. Cuando tienes una relación y una familia, necesitas saber que todos están en el mismo canal. Esto es difícil de lograr, a menos que ambos sean honestos sobre lo que está pasando.

La honestidad te da un maravilloso trato que te hace sentir más cómodo. Saber que siempre puedes confiar en tu pareja te permite ser mejor para ti mismo. Con estas bases tu relación seguirá creciendo, mientras sean capaces de darle al otro la energía positiva que necesitan para manejar los buenos y malos momentos de la vida. Puedes sentir la honestidad. Y eso es un empujoncito extra en tu mundo.

Ser completamente honesto con el otro significa que puedes compartir más, también que tienes más opciones. Si tu pareja quiere hacer algo y tú no quieres, necesitas ser honesto y explicarle lo que sientes. Entonces, junten sus cabezas y hagan un compromiso, así ambos podrán disfrutarse mejor. Por ejemplo, no le digas a tu pareja que te encantaría ir a saltar de un paracaídas si la idea te aterra. Sé honesto sobre cómo te sientes. Puedes ir con tu pareja para apoyarla, pero no tienes que saltar. De hecho, diciendo la verdad te divertirás más, porque no te sentirás resentido de que te haya llevado a hacer algo que no te gusta. Es más, esto me pasó a mí. Al final acepté dar el salto, aunque la primera vez que lo discutimos no quise la oferta. Cuando vi la comprensión en los ojos de mi compañera, me acerqué a ella como pareja. Tal vez eso fue lo que me dio la confianza de saltar. Cuando regresamos nos sentíamos mejor con nuestra unión y con nosotros mismos.

La honestidad hace que en tu relación todos ganen. Cuando eres pareja y sólo uno de ustedes gana es lo mismo que si todos pierden. Ambos necesitan sentirse oídos y respetados, y tienen que retroalimentar esa honestidad para que la relación pueda crecer a su máximo potencial.

Si tienes dificultad para ser honesto, debes buscar el porqué. Si no sabes cómo cambiar tu comportamiento, por tu propio bien y el de los que te rodean, considera pedir ayuda profesional para que te auxilien a entender y corregirlo. Eso mejorará tu relación y tu vida.

La honestidad es un estilo de vida, no sólo de comportamiento. Mantenerla es lo más importante en tu relación. Traerá cosas buenas y alejará las malas. Saber que puedes confiar por completo en el otro te ofrece un tipo de libertad y comodidad que en verdad ayuda a que tu relación funcione de la mejor manera posible.

13
Cuidados

¿Te has preguntado cómo le hacen algunas parejas para estar tan bien a pesar de tener los problemas de la vida diaria? ¿Te sorprendes de ver que algunas parejas son muy cercanas o están muy conectadas? Todos necesitamos que nos cuiden, y así como un individuo necesita los cuidados de otro, tu relación los necesita también. Aquellos que saben cómo hacerlo tienen relaciones más largas y felices.

El concepto de cuidar o nutrir una relación puede que sea confuso al principio. Cuidar tu relación y a tu pareja parecen ser la misma cosa, pero hay una diferencia importante. Si piensas en tu relación como tres seres distintos (tú, tu pareja y tu relación), pero unidos a lo mismo, el concepto es más fácil de entender. Cada uno de estos seres necesita ser cuidado y depende de ti y de tu pareja; deberán cuidarse entre ustedes y ver por su relación.

Ser capaces de cuidar el "nosotros" puede ser un poco más complicado si tienen hijos, responsabilidades en el trabajo, y la vida misma, siendo el reto de todos los días. Por eso es muy importante que cuidar de nuestra pareja y nuestra relación se vuelva un hábito. La buena noticia es que cuidar de los demás es parte de nuestra naturaleza. Te sientes tan bien que cuando lo haces ya no quieres parar. Tu meta es que el hábito de cuidar (tanto a tu ser amado como la relación que tienes con él) sea parte de tu comportamiento diario.

Ser cuidados puede resultarte algo difícil si no lo experimentaste desde que eras niño, pero una vez que lo entiendas es más fácil de hacer y te resultará placentero. Todo empieza con que tengas el deseo de estar más cerca de la persona a la que amas. Si es así, el primer paso es decirle a tu pareja que quieres estar más cerca de ella que nunca. No quieres estar presionando, así que debes decirlo de una forma que exprese lo felices que van a ser cuando logren nutrir su relación de forma constante.

Cuando le confías a tu pareja el deseo que tienes de cuidar de ustedes y de su relación, estás reafirmando el profundo amor que sientes por ella. Si lo ponen en práctica, están cambiando cómo se sienten y se relacionan. Esto genera la fuerza y el amor necesarios para hacer de sus días juntos lo mejor que les puede pasar. Cuidarse genera confianza.

Ser cuidadoso es fácil, si lo piensas requiere de muy poco esfuerzo, y las recompensas valen la pena. Imagínalo como en una inversión. Entre más le aportes a tu relación más ganancias vas a tener, con bonos adicionales como satisfacción, excitación, alegría y deseo. Vas a obtener mucho más de lo que inviertes. Aquí te presento algunas acciones que puedes practicar para ser más cuidadoso:

- Hagan una cita romántica al menos una vez a la semana. Un método comprobado para cuidar y nutrir su relación es asegurarse de tener una cita romántica al menos una vez por semana. No tiene que ser lujosa, sólo un espacio donde puedan pasar un tiempo de calidad juntos. Para ser felices como pareja, deben tener tiempo de pareja; así podrán pasarla como adultos más seguido. Una vez que se vuelve hábito, no van a querer dejarlo ir.

❧ Hagan pequeñas acciones que demuestren su cariño. Estos actos de amor son otra gran herramienta para construir el hábito de ser atento. Cosas como tomarse de la mano o del brazo crean lazos más fuertes que los unen. Conozco gente que se siente ignorada si su pareja no los toca físicamente. También es importante darse pequeñas caricias cuando pasan cerca del otro en la casa. Nunca ignores un momento en el que puedas ser amoroso y cuidadoso. Estas pequeñas acciones se vuelven parte muy importante de una relación.

❧ Manténganse en contacto. Mantenerte en contacto con tu pareja a lo largo de todo el día es otra forma importante de alimentar tu relación. Hablarse, mandarse mensajes o *mails* son algunas formas fáciles de demostrarle a tu pareja que estás pensando en ella y que ya quieres que estén juntos otra vez. Estar alejados de forma física no significa que tienen que estarlo de forma emocional. Así que aprende a llevar el amor adonde quiera que vayas durante el día, pues nos hace la vida más dulce.

❧ Acuérdense de fechas especiales. Recordar fechas especiales y eventos que han ocurrido en tu relación, y compartirlo con tu ser amado, es una parte fundamental de una relación feliz y cercana. Los recuerdos de ciertos acontecimientos están guardados no sólo en nuestra cabeza, sino en todo nuestro cuerpo; la memoria celular es muy fuerte. Cuando las acciones positivas nos recuerdan memorias positivas, la experiencia se vuelve más poderosa y hace mejores vínculos. Como pareja, tener y celebrar días especiales alimenta su relación. Disfrútenlos.

❧ Recuerden todo lo que sienten por la otra persona. Una relación necesita alimento del alma para nutrirse. Deben estar en contacto desde el nivel más profundo que se pueda. Tengan la confianza de que su cercanía es la fuerza necesaria para defender su relación contra cualquier dificultad que enfrenten juntos en la vida. Ningún amor es perfecto y libre de problemas, pero si cuidas el tuyo con regularidad, tus oportunidades de superar los obstáculos que pueden afectar el núcleo de tu relación serán mayores.

Saber que eres amado te hace más fuerte. Tu relación, cuando funciona bien, te hace sentir más seguro. Lo importante es que puedes hacer una relación de compañerismo muy poderosa cuando ambos se sienten fuertes. Saber que eres amado puede darte el empuje que necesitas para derribar casi cualquier obstáculo que se presente y te dará la confianza de enfrentar nuevos retos, en especial si tu pareja también se beneficia de tus actos. Casi siempre queremos lo mejor no sólo para nosotros, sino también para los que amamos.

Asegurarnos de que nuestra pareja sepa que la amamos es otro componente del hábito de cuidar. Y las personas reciben el amor de diferentes maneras. Necesitas platicar con tu pareja y detectar los mensajes que estás enviando y cómo los está recibiendo. Si tu compañero no siente todo el amor que le mandas, necesitas encontrar la manera de llegar a su corazón (y eso es preguntando), así le podrás dar el amor que necesita.

Algunas personas son muy buenas para recibir cumplidos, otras no. Muchas reaccionan a los regalos, otras a las acciones o a los cariños. Cuando los dos son capaces de explicar y compartir eso que los hace sentir cuidados, a la pareja se le hará más fácil encontrar la forma de darlo. La simple comunicación hace que las personas se sientan más cercanas en una relación.

Cualquier relación exitosa necesita ser cuidada y alimentada por dos adultos que comparten todo de manera que generan una conexión mutua que los beneficia. Así como necesitamos respirar para sobrevivir, tu amor necesita de cuidados y nutrientes para florecer. Darle a tu relación lo que necesita para crecer mejor es un verdadero gesto de amor. Haz el esfuerzo. ¡Ustedes valen la pena!

Diez herramientas para cuidar tu relación

1. Amabilidad constante y comunicación honesta. Si no se platican lo que sienten, su relación no sobrevivirá. Entre más se comuniquen más cercanos serán.

2. Disponibilidad para arreglar las dificultades y desacuerdos. Arrojar la toalla, incluso sin que te vayas de la casa, no es el camino de la felicidad. Tienen que enfrentar la incomodidad que viene con las diferentes opiniones e ideas.

3. Sentido del humor, algo divertido, un poquito de distracción de los aburridos momentos de la vida diaria. No puedes pasar todo tu tiempo libre trabajando en tu relación, no lo hagas un pasatiempo. Platiquen sobre lo que les gustaría hacer, adónde les gustaría ir y cómo les gustaría divertirse. Luego háganlo.

4. Compartir lecciones de vida con la persona que amas. Cuando descubras algo acerca de la vida o tengas acciones que hagan tu relación más saludable, cuéntaselo a tu pareja. Te sorprenderán los resultados.

5. Soporte emocional, validación y cumplidos. Sentir que le gustas a tu pareja y te respeta te hace sentir una conexión más fuerte. Tienen que apoyarse entre ustedes y hacerse saber lo mucho que se importan.

6. Amor, intimidad, romance y sexo. Éstos son los pilares de una relación amorosa. Sólo llevarse bien no es la solución. Tiene que existir el deseo mutuo de estar juntos como pareja. Puedes pensar que la chispa ya se apagó, pero hay muchísimas formas de encenderla de nuevo. Todo lo que tienes que hacer es intentarlo.

7. Tener metas y sueños similares. Nos sentimos mejor cuando compartimos las metas que cuando las tenemos que hacer solos. Asegúrense de tener siempre una meta en común y de buscar llegar a ella como pareja.

8. Compasión, aceptación y perdón. Estas tres cosas te mostrarán el camino en los tiempos difíciles. Si están juntos desde hace tiempo, seguro han sufrido algunas pérdidas, enfrentado retos y pasado por situaciones que ya no se pueden solucionar. Estar juntos en las malas es una de las partes más importantes de una relación.

9. Deseo mutuo de probar cosas nuevas. Lo que ya han comprobado está bien, pero siempre se puede estar mejor. Las parejas que comparten nuevas experiencias juntos hacen un lazo mucho más fuerte.

10. Ser capaces de admitir los errores y hablar de ellos. Todos nos equivocamos. Aprender a entender y dejar ir los errores que tú o tu compañero han cometido les hará la vida más fácil y podrán disfrutarse mejor.

14
Balance

¿Te has preguntado por qué algunos días te sientes muy enamorado de tu pareja y otros no la quieres ni ver? ¿Tienen momentos o días completos en los que no pueden sentir las vibras positivas? ¿El ánimo anda bajo? ¿Notas que tu pareja está molesta contigo por alguna razón?

La verdad, éste es un patrón de comportamiento normal para la mayoría. Si entienden que siempre existirán estos altibajos y aprenden un poco de cómo son las relaciones dentro de la casa, podrán superar más fácil los días en los que sientan que no hay amor.

El amor no es constante. Pasa por momentos crecientes y menguantes, como la Luna. Discutir o estar molesto por las exigencias y deseos de tu pareja no significa que tu relación deba irse a la basura. Significa que tienes que entender y hablar sobre el curso natural de los sentimientos, que van y vienen como la marea, a través de las conexiones emocionales.

Cuando tus sentimientos estén un poco opacos, recuerda, para que no te saquen de balance, que es una parte normal y natural de tu relación. Mantener vivo el amor es como mantener vivo al cuerpo. Necesitas respirar para vivir y a veces también necesitas darle a tu relación un respiro para que algunos problemas se resuelvan por sí solos (la mayoría de los problemas pequeños lo hacen). Si por ahora no sientes amor, dile a tu pareja que estás procesando tus sentimientos (de corazón y con una sonrisa en la cara), y no mandes malas vibras. Recuerda que los sentimientos provienen de ti. Tu pareja, aunque también está involucrada, no puede procesarlos por ti, pero pueden platicarlos. Por lo general, hablar termina haciendo que los dos sientan amor y estén mejor.

Algunas personas tienen problemas porque no saben si lo que sienten es amor o no. Amar a alguien es muy diferente al emocionante sentimiento de estar "enamorado", lo cual, la verdad, es una locura temporal. El amor verdadero es más como saber que estás con alguien que te respalda y jamás te abandonará.

Si estás con alguien que tiene las cualidades y valores que admiras, y piensas que tal vez lo amas pero no puedes decírselo, o no te dejas sentirlo por completo, es posible que existan problemas más profundos. El miedo al rechazo, el recuerdo de una relación destructiva, o incluso la necesidad de dependencia puede hacer que quieras mantener abierta la puerta de salida de emergencia de tu corazón. El problema es que si tienes un plan de huida, nunca tendrás la experiencia de plenitud que da el que alguien más entre en tu vida.

Cuando dejes que alguien lo haga, tu vida jamás volverá a ser la misma. Esa persona estará grabada en tu mente para siempre. Todos hemos amado a alguien y lo perdimos, o padecimos un corazón roto. Tal vez es por eso que algunos nos acobardamos ante la idea de clavarnos en una relación.

Seguro te han dicho que no es de sabios poner todos los huevos en una sola canasta. Pero si quieres jugar al conejito de Pascua y esconder algunos para después, no obtendrás los beneficios de lo que es el amor en realidad. Así que permítete amar y ser amado. El truco es ser muy cuidadoso con la canasta. No le pongas una coraza a tu corazón cuando se trata de amar, pues jamás obtendrás lo que quieres.

Algunas personas se echan para atrás porque temen no poder regresar el amor ofrecido o porque creen que no saben cómo ayudar al amor a desarrollarse. No hay respuestas absolutas. Tienes que seguir intentando con distintas cosas; ten conversaciones profundas (y encuéntrales el gusto) y haz el compromiso de amar a tu pareja pase lo que pase. Te recomiendo que tú mismo te comprometas con cierta frecuencia en tu cabeza y tu corazón, y que compartas esos sentimientos con tu compañero. Las parejas que hacen esto tienen conexiones más fuertes.

Echarte para atrás es sinónimo de autoprotección, y a veces es entendible, pero si quieres una relación real, debes compartir todas tus emociones, las buenas y las malas. Si compartes lo que te pasa, estás dejando que tu compañera sepa lo que puede hacer para mejorar las cosas.

Cuando pasa algo inesperado, algunas parejas han notado que es muy difícil mantener las cosas bien, aunque haya sido fácil reconciliarse. Es importante recordar que incluso las parejas más estables experimentan malos días. Las dificultades y distracciones son parte de la vida y nos pueden ayudar o afectar. En vez de ignorar los problemas o reclamar, deberías enfrentarlos de forma racional y con la vista hacia el futuro.

Muchas parejas cometen el error de pensar que es lo mismo tener una buena vida amorosa que una relación balanceada. Esto último es más que sólo buen sexo. Necesitas recordar que mantener una relación satisfactoria requiere de atención regular y darle mantenimiento a todas las áreas. Todo lo que necesitas es tomarte diez minutos al día para estar en contacto con tu pareja. Así como un buen entrenamiento físico requiere compromiso constante, cuando se trata de entrenamiento emocional es imposible ignorar la importancia de darle cuidados.

Asegúrate de no pasar por alto las oportunidades de crear un balance y armonía mayor.

- Ama a tu pareja. Cuando tu compañera sienta tu amor y sepa que estás ahí para ella en las buenas y en las malas, tendrán una relación con bases más solidas.
- Sé una gran porrista. Todos necesitamos saber que somos los jugadores estrella ante los ojos de la persona que amamos.
- Hazle saber que la amas. Aprecia lo que tienes y demuéstralo. Una vida sin amor no es vida. En verdad creo que tener una relación amorosa es la única manera de experimentar la vida al máximo.
- Recuerda estar en contacto con tu pareja. Hay quienes lo necesitan más que otros, pero siempre es importante estar conectados, hayan o no experimentado algo interesante en el día.
- Pasen tiempo de calidad juntos. Disfrutar momentos juntos es importante para todas las parejas, en especial para aquellas que se sienten

desgastadas, desconectadas o distantes. Hacer espacios para pasarlos con tu pareja puede ayudarlos a recuperar el balance.

❧ Aprende a perdonar. Tomar el tiempo necesario para perdonar a la persona que amas es importante para encontrar el equilibrio. No importa qué problema haya sido. Darte y darle el regalo del perdón hará su carga más ligera y su amor más dulce.

Estas pequeñas cosas pueden hacer una gran diferencia. Darle más importancia a las cosas positivas de tu relación, ayudará a mantener una buena y amorosa conexión. Les dará un mayor balance si cooperan para superar los retos, como sus estados de cuenta, criar a los hijos, o incluso las enfermedades inesperadas. Una vez que incorpores técnicas para mejorar las relaciones, como buena comunicación y capacidad de perdonar, y empieces a cambiar cualquier comportamiento negativo que cause problemas en tu relación, los problemas se volverán más fáciles de manejar y su conexión se hará más profunda.

Aunque hablar de los problemas no siempre desaparece la tristeza, comunicarnos de forma gentil y eficiente puede ayudar a quitar ciertos obstáculos y a evitar que surjan problemas innecesarios. La mayoría de las parejas exitosas tienen ciertos comportamientos, habilidades y prácticas en común, pero lo elemental es la comunicación. Es lo más importante en una relación. Si no tomas el riesgo de hablar sobre lo que hay en tu interior, se volverá una carga muy pesada. Tus verdaderos sentimientos se reflejarán y, por lo general, esto pasa de forma negativa.

Cuando las parejas experimentan dificultades en su relación, el viaje hacia la sanación puede ser tan inestable que es posible que pierdan la habilidad de identificar sus sentimientos. Si se lastiman, háblenlo y sean capaces de disculparse y hacer los cambios necesarios para no volver a cometer el mismo error. Disculparse de forma apropiada puede ser una de las cosas más sanadoras que pueden hacer para reconectarse. Lo que la mayoría de las parejas no sabe es que los conflictos son normales, y saber cómo superarlos puede ser la piedra clave en la construcción de una relación sana.

Aprender y practicar estas lecciones de amor les ayudará a ser la mejor pareja posible. Vale la pena el esfuerzo. Las recompensas son un corazón pleno y una vida maravillosa. Sé que da miedo amar como si nunca te fueran a lastimar, pero es la única forma de sacar lo mejor de la más increíble de las emociones.

15

Unión

¿Algunas veces te sientes medio raro cuando estás lejos de tu pareja? ¿Has deseado estar más tiempo de calidad con ella, pero parece que esto nunca pasa? ¿Has notado que funcionas mejor cuando tu pareja está cerca?

Buscar estar juntos es un hábito que los ayudará a sentirse mejor todo el tiempo, incluso cuando no puedan hacerlo. Desde mi punto de vista, no hay nada mejor que el sentido de unión para iniciar el viaje a través de la vida y compartirla con la persona que amas. Es un hábito que vale la pena crear.

Recuerda, la unión no es lo mismo que la codependencia. No significa tener a alguien cerca todo el tiempo para que te ayude a combatir tu inseguridad o que te haga sentir mejor contigo mismo. La unión es cuando dos personas crean una vida juntos sin dejar de ser independientes cuando lo necesitan. Significa que tu otra mitad te complementa y que, cuando estás con él (incluso cuando está lejos), experimentas un maravilloso regalo de integración en tu relación.

Todos queremos estar con personas que nos hagan sentir bien y más seguros. También que nos eleven la autoestima y nos ayuden a sacar lo mejor de nuestras capacidades de amor y entrega. Cuando una persona puede hacer esto por la otra, y estar juntos de esta manera, se abren muchas puertas. La unión fortalece tus emociones para que seas capaz de derribar cualquier obstáculo.

Si trabajas y mantienes a tu familia, podrías pensar que haces lo necesario para tener una vida amorosa unida, pero la verdad es que hay muchas otras cosas que puedes hacer para aumentar tu cercanía y sacarle más jugo a tu relación.

Sí, puede ser un gran reto cuando a tu jefe se le ocurre darte una carga de trabajo extra o cuando los niños se enferman y tienes que pensar en veinte cosas diferentes a la vez. Sin embargo, la unión es un lazo que te da la fuerza extra que necesitas para cumplir con todos tus pendientes y todavía tener la energía suficiente para disfrutar la vida, el amor y la compañía de la persona que amas.

La unión inicia con el compromiso de usar el tiempo de forma positiva cuando están juntos. Dejen las discusiones para otro momento. Pueden tener una agenda. Si nunca la han tenido, no se preocupen, sólo deben pedirle a su pareja que escoja cuándo es buen momento para hablar. Que no suene como amenaza, dile que todo está bien y que quieres un tiempo sólo para ustedes dos. Si ambos lo disfrutan, pueden agendar estos ratos de comunicación con regularidad ya sea al día o a la semana. Toma en cuenta que las parejas con relaciones sólidas se comunican con regularidad.

Otra gran herramienta es darte un tiempo en el día para conectarse (ve el capítulo 11). Puedes mandar un mensaje de celular mientras estás en un descanso, o un *mail* en la tarde. Cuando sabemos que nos llegarán noticias de nuestro amor, tenemos algo por qué superarnos y seguir adelante, incluso en los peores días. Esto nos da recompensas maravillosas.

Las parejas que son unidas rara vez cuestionan la fidelidad, honestidad o integridad de su pareja. Entienden que están con ella por un fin más grande y que son parte de un "nosotros". Este sentimiento de pertenecer a algo es tan poderoso que guiará tu corazón y tu vida al siguiente nivel.

Aquí hay otras ideas útiles para desarrollar el hábito de la unión:

- Ve a sus reuniones de trabajo con el rol de esposa amorosa. De esto se trata dar. Apoyarlo y presumir los esfuerzos de tu pareja con todas las personas que hables le levantará el ego y lo hará sentir amado.
- Acurrúcate con tu ser amado. Esto funciona si están viendo la tele o si leen el mismo libro (aunque también háganlo si lee cada quien un libro por separado). Sentarse en asientos separado y con suficiente espacio tal vez haga que tu cuerpo se sienta cómodo, pero no hace nada especial por tu corazón.
- Abrácense cuando se acuesten. Los abrazos ayudan a extender la conexión amorosa. Si necesitas tu propio espacio para dormir, está bien. Sólo abrácense quince minutos antes de irse cada quien a su lado de la cama y, por cierto, aquellos que hacen esto tienen una vida sexual más saludable.
- Compartan los problemas pequeños. Hacer esto crea un sentimiento positivo que los ayuda

a mantener su amor todos los días. También compartir las grandes problemáticas porque, aunque sabes que no puedes ayudar, pueden trabajarlas en equipo. Además, les da la confianza de apoyarse en su compañero cuando las cosas se ponen difíciles.

❧ Hagan planes para su tiempo juntos. Planear algo especial para divertirse los hará sentir más unidos, incluso si tu pareja no está disponible por el momento. También les dará la idea de una meta que desean cumplir.

Si piensas que tu relación se puede beneficiar por estar más unidos (la mayoría de las relaciones lo hace) necesitas aferrarte a ese sentimiento. Si tu pareja piensa que ya es suficiente, dile que la cercanía que tienen es maravillosa, pero que te gustaría que fuera aún mayor. Después explícale qué áreas crees que podrían mejorar si tuvieran más de esta energía a su alrededor.

Asegúrate de especificar que no se trata de anclarse uno al otro. Se trata de que todo lo que sienten crezca y se refleje de forma positiva. Todo lo que han puesto en su relación crecerá aún más si mejoran su unión.

Recuerda que es un paso activo. No se trata de sentarse y esperar a que tu pareja haga algo para que se vuelvan más unidos. Se trata de hacer realidad las cosas que piensan y platican. No sólo hagan planes para las próximas vacaciones. Hagan planes con regularidad y anótenlos en un calendario. Cuando se acerquen fechas especiales, asegúrense de hacerse un tiempo para pasarlo juntos, así tendrán un momento para disfrutar sólo ustedes dos. Estas ocasiones son las que sustentan a una pareja feliz.

Otra buena herramienta es hablar cuando te sientas triste porque tu pareja no está disponible. No es que esté rompiendo el hábito de la unión. La vida nos pone el camino, así que sé comprensivo. Estarás en posición de compartir todo con ella cuando estén juntos. Y es muy bueno decirle a tu pareja que la extrañaste pero que estuviste bien porque sabías que se iban a reunir pronto.

Si se comprometen con este hábito, les será más fácil superar esos momentos en los que necesitas de tu otra mitad pero él no puede estar ahí. Este hábito evita que surjan resentimientos, pues saben que están juntos sin importar las circunstancias. Aun si no puedes estar con ella en un momento de necesidad, la fuerza que has obtenido de tu relación te ayudará a estar bien en momentos difíciles hasta que puedas enfrentarlos junto con tu pareja.

Sé que muchas parejas pueden ser descritas como inseparables. Es una forma de estar en una relación. Pero para disfrutar los beneficios de la unión no tienen que estar todo el tiempo pegados. Ese sentimiento permanecerá contigo en las buenas y en las malas, ya sea que estén juntos o no. La sensación de ser parte de algo y sentirse involucrado te hace sentir mejor acerca de ti y de tu relación.

- Con esto no estás renunciando a tu independencia. En lugar de ello, estás alineando tu alma con la del ser que quieres, que amas. No renuncias a quien eres, a lo que haces, o a cualquiera de tus sueños y deseos. Ten la decisión de amar y ser amado por tu pareja, y si permites que se acerque lo más posible, descubrirás que has encontrado lo que siempre buscaste.

16
Solucionar problemas

¿Tienen situaciones y problemas en su relación que no son capaces de enfrentar? Cuando éstos surgen, ¿los discuten o cada quien se va a su esquina y se emberrinchan? Cuando algo pasa, ¿se acercan para hablarlo y tratar de solucionarlo juntos?

No teman enfrentar los problemas. Todas las parejas los tienen, y lo único vergonzoso es no encararlos cuando se presentan. Si dejan que se pudran, infectarán toda su relación. Y si los arreglan ahora se ahorraran el montón de complicaciones que podrían surgir. Si están atascados y creen que ya no hay forma de solucionarlo, pueden buscar una terapia de pareja. No se los guarden por meses, es más fácil resolverlos guiados por la ayuda de una tercera persona objetiva y profesional.

Es común que no vengan solos. Por lo general, aparecen en conjunto. Cuando resuelves uno, otro aparece y toma su lugar, y lo más probable es que te preguntes: *¿Qué hice para merecer esto?*

No, no es el karma (no estás siendo castigado), así es la vida. Si piensas en todas las dificultades económicas que parecen no tener fin, en las complicaciones normales de todas las parejas y las demás situaciones que se aparecen todos los días, es entendible que tendremos momentos en los que nuestro estado de ánimo, o el de la pareja, estará por los suelos.

Ninguna solución a la ligera o darle el avión los soluciona. La verdad es que tienen que trabajar a marchas forzadas hasta que puedan mejorar las cosas. Tal vez alguien más pueda ayudarles, pero eso no significa que les dará la respuesta. Es aquí donde el hábito de solucionar problemas puede hacer una enorme diferencia en su relación.

Mientras no existan varitas mágicas que hagan que todo esté de maravilla al instante, el apoyo de una pareja amorosa sí puede ayudar. Se siente bien cuando la persona que tocó tu corazón te apoya para solucionar todas tus complicaciones. De hecho, el que tu pareja no esté dispuesta a cooperar contigo mientras atraviesas por un dilema personal o profesional, puede ser un problema para tu relación. Tienen que aprender la forma de siempre hablarlo. Recuerda, la persona que te ama debe estar de tu lado, incluso si no está completamente de acuerdo, sigue siendo de tu equipo.

Dale voz a tus problemas y deja que tu pareja los escuche. Te sorprenderá cuánto peso te quitarás de encima. Aquí hay algunos puntos para saber compartir lo que te pasa:

> ❧ Deja a un lado tu orgullo. El hecho de no querer que tu amada te vea mal puede hacer que evites compartir ciertas cosas. La verdad es que si alguien te ama, te ayudará a enfrentar esos dilemas. Hablarlos nos ayuda a ver más clara la forma de salir de ellos. Así es como funcionan las terapias.

❧ Ten perspectiva. Siempre habrá problemas, pero a veces no tenemos la capacidad de manejarlos nosotros solos. Tener la vista de 360º es imposible cuando no puedes ni ver lo que está mal. Platicarlo con tu pareja puede ayudarte dándote una perspectiva diferente.

❧ Compartan sus ideas. Tal vez encuentren que una lluvia de ideas compartida les ayudará a encontrar nuevos proyectos a seguir. Además de esto, recibirás el soporte emocional necesario para enfrentar lo que se presente, en lugar de tener que sufrirlo todo tú solo.

❧ Alivianen su carga. Si han estado sentados durante mucho tiempo sin hacer nada por sus conflictos, hasta el punto en el que ya empiezan a doler, es momento de dejarlos ir. Cómo hacerlo depende de ustedes, pero no dejar salir sus penas los derrumbará en algún momento. Compartir los problemas con tu pareja te hará más liviana la carga.

❧ Escríbelo. Puede ayudar que le digas a tu compañera lo que te molesta y que ella tome notas. Si ves tus problemas por escrito mientras escuchas las críticas constructivas de tu pareja, tendrás más claridad para encontrar la mejor forma de salir de ellos. Podrás poner en orden las cosas y saber cuál resolver en primer lugar, cuál en segundo, cuál en tercero, etc. Mientras piensas esto, haz una lista de actividades, así será más fácil saber cuál es el paso siguiente.

Entender que está bien hablar acerca de nuestros problemas en la relación puede sentirse un poco como una visita al dentista. Sabes que el dolor se quitará cuando te arreglen el diente, pero no quieres que el proceso inicie porque, seguro, dolerá. Y, a veces, con los dilemas emocionales, duele compartir lo que sientes en realidad. Pero necesitas superarlo porque es muy importante platicar con tu pareja. Es la única forma de tener un soporte emocional que te ayudará a salir de una manera que te haga sentir bien y sin juzgarte.

Tener quien te apoye ayuda a disminuir los niveles de ansiedad que sientes cuando se presentan situaciones que no puedes controlar. Saber que tu pareja está ahí para consolarte y ofrecerte su apoyo te da más energía para hacerle frente a las cosas que se te presentan y a darles una solución más razonable. Este ejercicio les ayudará a encontrar las respuestas de forma más efectiva, mientras resolver problemas se les hace un hábito.

Ejercicio: resolver juntos los problemas

✓ **Paso 1.** Admitan y definan el problema. De manera precisa, ¿cuál es en realidad? Ahora piensa si eres parte de él y, además, si culpas a tu pareja. Si entiendes lo que estás pensando, puede ser que veas que un simple cambio de actitud puede hacer las cosas mucho más fáciles.

✓ **Paso 2.** Háganse preguntas para entenderlos mejor y por completo, tanto los personales como los de pareja. Pregunten lo indispensable hasta que los entiendan muy bien, así tendrán las respuestas necesarias para seguir adelante.

✓ **Paso 3.** Propongan soluciones. Primero pregúntate a ti mismo qué es lo que tal vez no estás viendo, o no está claro. Una mayor claridad puede ayudarte a ver mejores soluciones. Ahora inicia haciendo una lista de posibles soluciones.

✓ **Paso 4.** Evalúen sus ideas. Hagan una lista de los recursos necesarios y acomoden sus pensamientos. ¿Qué probabilidad de éxito tiene cada una de sus opciones? Escojan las tres mejores y elijan la que crean que funcionará mejor.

✓ **Paso 5.** Hagan un plan de acción. Decidan dónde y cuándo quieren hacer su primer movimiento. También realicen un registro de lo que pueden implementar para resolverlos. Después, ejecuten el plan.

Te sorprenderá el progreso que tendrás cuando te acerques a los problemas con tu pareja como parte del equipo en lugar de hacerlo solo. No puedo decirte cuánto facilita enfrentarlos si sabes que no estás solo. No trates de proteger a tu pareja de ellos, aprende a compartir lo que es parte de ti mismo, así podrán encargarse de lo que sea. Tener una pareja amorosa con quien hablar cuando los ánimos están bajos es uno de los mejores regalos de la vida.

Nota que si te encuentras con un problema en tu relación y explotas, lo mejor que puedes hacer es tomar un descanso y enfriar tu cabeza. Tómate de veinte minutos a una hora antes de que regreses a la discusión. Si no pueden llegar a una solución, vuelvan a él mañana, cuando los dos ya hayan tenido oportunidad de descansar, platicarlo con la almohada y se hayan calmado los ánimos.

Tomar un descanso les ayudará a ambos a pensar de manera más clara y evitará que las pequeñas discusiones se vuelvan peleas campales.

Resolver los problemas con la persona que amas es muy efectivo, pero también puede ser muy emocional, en especial si tiene que ver con su relación. Deben aprender que si los trabajan juntos pueden derribar casi cualquier cosa, y les dará una relación con una base fuerte y sólida desde la cual pueden crecer. Saber que juntos pueden encontrar una solución los hará sentir más seguros y cercanos.

Recuerda, no tienen que arreglar todos los problemas. Algunos se resuelven solos y otros simplemente desaparecen. Tener algo de paciencia ayuda, y ésta puede venir de la persona que amas. Todo lo que tienes que hacer es escuchar.

17

Cariño

¿Alguna vez has pensado en la calidad de conexión que tienes con tu pareja? ¿Has reflexionado en aquellos distanciamientos donde ninguno demuestra cariño por el otro? La mayoría de las personas quiere y necesita cariño, pero ¿qué hacer cuando éste no fluye en tu relación?

El cariño que se comparte con una pareja amorosa puede convertir los malos días en buenos y hacer que tus problemas parezcan menores. Sin él, tu habilidad de enfrentar al mundo disminuye.

A muchos nos gustaría más cariño de nuestra pareja, pero no logramos comunicar y demostrar este deseo. A veces, cuando una pareja ha pasado por un largo periodo de malos ratos, reconstruir el afecto puede ser un reto. Al principio puede que ninguno de ustedes sienta cariño por el otro; pero ten valor, puede ser que las cosas se arreglen con sólo decirse que se quieren y se necesitan, y logren llevar la relación por buen camino. Cuando estamos distanciados de los que amamos, lo notan. Regresar a la normalidad puede ser complicado, pero casi siempre las cosas se arreglan con una pequeña discusión y un abrazo sincero.

A veces, por nuestras vidas tan ocupadas, olvidamos alimentar nuestro amor. Creo que todos debemos hacer el mayor esfuerzo posible para generar y aprovechar los momentos en los que podemos brindar y recibir cariño de la persona que amamos. Velo como un juego en el que buscas aprovechar cada momento posible para abrazar y recibir el cariño de tu pareja. Una vez que hagas esto parte de tu vida estará tan acostumbrada que extrañarás a tu pareja cuando no esté cerca de ti.

Primero necesitas saber que los momentos más importantes para demostrar cariño suceden fuera de la recámara. Esto puede significar abrazar a tu pareja sin motivo, tomarse de la mano para ir a la tienda o dar un paseo juntos. Existen varias formas de demostrar cariño y muchas de ellas ni siquiera implican un contacto físico. A continuación encontrarás algunas formas de demostrar cariño en tu vida diaria:

- Da una docena de abrazos al día. En Estados Unidos no se abrazan tanto como deberían. Hay muy pocas parejas que se dan docenas de abrazos al día. Pregúntate qué tan a menudo le demuestras cariño a tu pareja, y ve si necesitas aumentar la dosis diaria. Las parejas que expresan su cariño tienen menos momentos de enojo y discusiones.
- Recuerda demostrar tu cariño con palabras. Dar palabras de aliento, dejar pequeñas notas y enviar mensajes de texto cariñosos son algunos ejemplos de cómo manifestar tu amor. Todos necesitamos escuchar y sentir el amor que nuestra pareja nos tiene. Expresar tus sentimientos y pensamientos puede traer una sonrisa a tu corazón y aligerar momentos difíciles.

❧ Presume a tu pareja. A todos les gusta oír a la persona que aman hablar bien de ellos. Escuchar a tu pareja hablar de lo maravilloso que eres te hará sentir mejor contigo mismo y con la relación, y cuando tú la presumas ante otros harás que se sienta de la misma forma. Es importante recordar que expresar tu amor con palabras es una manera muy efectiva de demostrar cariño.

❧ Recuerda decir "te amo". Todos necesitamos oír que somos amados. Es verdad que las acciones dicen más que las palabras, pero si no hay palabras, podemos perdernos en el camino. Las palabras afectivas o cariñosas son como brújulas emocionales guiándonos en el camino del amor.

❧ Realiza pequeñas muestras de cariño. Hacer pequeñas cosas por tu pareja incrementará tu cuenta de ahorros de cariño (cuenta que no querrás dejar en bancarrota). Ser cariñoso con tu pareja puede ser tan sencillo como abrirle la puerta, llevarle a casa algo que le gusta, cocinar su comida preferida o invitarla a su restaurante favorito.

También lo que pasa en la recámara es muy importante. Ser románticos y tener buen sexo ayuda a la mayoría de las parejas a mantener un equilibrio saludable en otras áreas de la vida. Si la llama del amor ha estado muy pequeña en los últimos días, hay varias formas de reavivarla. Todo comienza con el deseo de ser romántico y tener una buena comunicación. Acércate a tu pareja, escúchala y explórense el uno al otro para encontrar nuevas formas de relacionarse. Las parejas que hacen ésto tienen una conexión que puede resistir el paso del tiempo.

Diez formas de mantener el romance vivo

1. Sé consciente de las necesidades de tu pareja. La mayoría de las personas que tienen una buena vida romántica es porque anteponen las necesidades de su pareja a las propias. Cuando eres un amante que da, el placer regresará a ti multiplicado.

2. Agradece los pequeños detalles románticos. Por lo general, los pequeños detalles hacen una gran diferencia. Pequeños besos, ofrecer la silla, tomar su brazo cuando dan un paseo. Hacerle saber a tu pareja que te gustan estas acciones hará que las siga haciendo.

3. Cuando tengas una idea romántica, compártela. Tal vez quieras hacer algo inusual o haya alguna aventura que siempre has querido realizar con tu pareja. Hacer nuevas cosas ayuda a incrementar los lazos y la intimidad.

4. No tengas miedo de enfrentar la timidez. Todas las parejas tienen esos momentos. Conforme envejecemos, nuestros cuerpos cambian y notamos diferentes cosas en ellos. Podemos volvernos tímidos al pedir cariño a nuestra pareja cuando estamos cabizbajos. No tengas miedo de pedirlo, de seguro tu pareja estará agradecida de que lo hayas hecho.

5. **Piensa en algo que pueda mejorar tu vida romántica.** Comparte con tu pareja algo que te gustaría hacer, ya sea algo nuevo o algo que ya probaron y les gustó. Pídele que ella haga lo mismo, comparen opiniones y háganlo. Al final ambos estarán satisfechos con los resultados.

6. **Sé expresivo y demuéstrale que te importa.** Ni siquiera todas las palabras del mundo pueden expresar lo que un gran beso apasionado dice. Caricias, tomarse de las manos y otras formas de cariño intensifican una relación y siempre deben ser parte de ésta.

7. **Apreciar el gesto, aun cuando el momento no sea el indicado.** Si rechazas a tu pareja, puede pasar tiempo para que ella lo intente de nuevo. Si no estás de humor, dale un beso y dile que estarás listo en otra ocasión. De esa manera tu pareja esperará el momento indicado.

8. **Asegúrate de hablar de sexo y de lo que les incomoda.** Aquellas parejas que no hablan de sexo suelen tener vidas románticas menos satisfactorias. Marcar límites hará que te sientas más cómodo, y recuerda: siempre puedes cambiar de opinión.

9. **Dale tiempo.** Si ha pasado tiempo desde la última vez que se demostraron afecto, tal vez tendrás que pasar algunas noches sólo acurrucándote y acercándote a tu pareja. Para muchas parejas, el acurrucarse es tan íntimo que lleva al sexo.

10. Siente el lazo que tienes con la persona que amas. Confía en el amor que sientes y en la persona que te lo da. Sentir la profunda conexión que tienes con tu pareja hará los besos más intensos, el sexo más apasionado y tu vida mejorará en general. Por eso, estar conectado con la persona que amas es una de las experiencias más poderosas y placenteras que puedes tener.

Si quieres más cariño y afecto en tu relación, tienes que expresar y demostrar a tu pareja qué es lo que más disfrutas. Si eres quien más da en la relación, no temas, con una pequeña charla pueden cambiar esta dinámica y juntos construir el hábito de afecto mutuo.

Enséñale a tu pareja los tipos de cariño que más te gustan y, también, pregúntale qué es lo que necesita. Así encontrarán nuevas formas de expresar su cariño. Una vez que se comprometan a hacer esto un hábito diario, encontrarán diferentes y placenteras formas de conectarse y recibir cariño del otro, de maneras que harán que sus amigos se pongan verdes de la envidia.

18
Compasión

¿Alguna vez has querido más sensibilidad del otro? ¿Ser compasivo es parte esencial en tu relación?

La gente compasiva es siempre más feliz. La compasión, que es una combinación de empatía, preocupación por el otro, amabilidad y consideración, es esencial en una relación. Las parejas que son compasivas entre ellos tienen más dicha y entendimiento en su relación.

Cuando estás triste, un gesto compasivo de tu pareja, como cálidos abrazos o palabras de aliento, puede hacer un gran cambio en tu estado de ánimo. Cuando alguien toma tu mano y te hace saber que está ahí para apoyarte, puede calmar con facilidad tu dolor sin importar a qué se deba.

Una relación sin compasión puede volverse difícil y, cuando eso pasa, la interacción se vuelve menos cariñosa, ya que puedes acumular resentimientos y sentir que eres el único inmerso en la relación.

No es difícil desarrollar este hábito, todo lo que se necesita es que los dos quieran. Tendrás que saber cuáles son las necesidades de tu pareja y viceversa. Ser compasivo con el otro es mucho más fácil cuando sabes en qué enfocar tu energía.

La siguiente parte es un poco más difícil ya que la pareja tiene que comprometerse a hablar siempre con sensibilidad. No hay lugar para la hostilidad en una relación compasiva. Si brota cualquier comportamiento negativo, tienen que apagarlo y regresar a una relación adecuada.

Puedes ser un compasivo consciente cada día hasta que se te convierta en hábito. Los sentimientos agradables que obtengas de esta actitud te harán desear más. Además, la profundidad de tu relación es evidente cuando sabes cuánto le importas a tu pareja. Verás que el hábito de la compasión cambiará tu vida, te volverá más suave y considerado hacia tu pareja, y eso es un plus en cualquier relación. Aquí hay algunas formas de comenzar:

- Demuestra tu preocupación. Ser compasivo es bueno, pero expresarlo es mucho mejor. Cuando tu pareja te comparte una angustia, debes mostrarle que estás ahí para ella y que te importa por lo que está pasando. Tu pareja lo percibirá y lo agradecerá.
- Mira a los ojos a tu pareja. Un ejercicio grandioso y muy fácil para aumentar la compasión es mirarse a los ojos. Ésta es una acción muy romántica según las películas, pero son pocas las parejas que lo hacen. Vemos más la televisión que a nuestra pareja (aun cuando hacemos el amor). Ver la profundidad de los ojos de la persona que amas y sentir sus emociones creará vínculos más fuertes y mayor sensibilidad.
- Escucha bien a tu pareja. Es importante recordar que todos guardamos recuerdos tristes, y cuando

tu pareja está decaída por algo que pasó hace tiempo, ¿por qué no ser compasivo con ella? Pregúntale sobre sus sentimientos. Saber escuchar y responder a lo que te cuenta es una de las cosas más tiernas que puedes hacer por la persona que amas.

- Sé lindo. Otro método de crear el hábito del que hablamos es enfocarse en ser lindo con el otro. ¿Recuerdas que al principio de tu relación ambos daban un extra por el otro? Ese extra aún funciona, y darlo hará que su intimidad y dinámica mejore. Todos aprecian la amabilidad, y hacer buenas cosas sólo porque sí hará sus lazos más fuertes. Así de simple.

- Si quieres, sé extravagante. Puedes hacer grandes y maravillosas cosas que tu pareja no espera, pero a largo plazo serán los pequeños detalles los que hagan la diferencia. No se puede esperar que alguien sea extravagante todo el tiempo.

- Apoya a tu pareja. Estar ahí para cuando ella está deprimida es otra forma de cultivar la compasión en tu relación. Tal vez haya una razón para la tristeza de la persona que amas, o quizá sólo ha tenido un mal día. No importa la razón, si no juzgas y eres comprensivo, tu pareja se apoyará en tu amor y mejorará su humor. Una de las mejores partes de estar en una relación es tener a alguien que se pone en tus zapatos cuando las cosas no andan bien. Considérate afortunado de tener este regalo en tu vida.

Otra manera de generar compasión en tu relación es demostrarla hacia los demás. Ser voluntarios en alguna actividad como pareja puede hacer más fuerte la relación. Conozco muchas parejas que alimentan a gente sin hogar, que participan en programas sociales y que encuentran varias formas de ayudar a los menos afortunados. Esta experiencia hace sentir a la pareja más cercana. Algunos llevan a toda su familia. Mi pareja y yo hacemos este tipo de trabajo comunitario y nos hace sentir que estamos contribuyendo al bienestar de la humanidad, lo cual hace que nos respetemos más porque estamos enfocando nuestra energía en ayudar a los demás. Hacer trabajo comunitario en pareja puede ser divertido y es algo de lo que nunca te arrepentirás. Al mostrar compasión hacia los demás le muestras a tu pareja una parte de tu corazón que hará que te ame aún más. Estar con una pareja compasiva te hace sentir orgulloso de tu relación, lo que además fortalece sus lazos.

El Dalai Lama: dijo "Si quieres que otros sean felices, sé compasivo. Si quieres ser feliz, sé compasivo". Para ayudarte a lograr esto, puedes hacer una lista de diez características a seguir y pegarlas en algún lugar de tu casa donde las veas seguido.

Características de la compasión

C-Cariño. Estar para tu pareja cuando te necesita es la esencia de tu humanidad. Cuando al que amas está pasando por un mal momento y lo apoyas, no sólo aligeras su carga, sino que fortaleces los lazos entre ustedes.

O-Otro y tú= uno. Basados en la teoría de que todos estamos unidos y esto puede facilitar aquello por lo que estás pasando, sentirse uno con la persona que amas puede aliviar las penas de la vida.

M-Milagros. He visto muchos milagros para dudar de su existencia. Los milagros ocurren todos los días, reafirman nuestro espíritu, nos dejan fascinados y nos dan una razón para seguir adelante. Sólo ábrete a la idea.

P-Paciencia. Conseguir lo que deseamos a veces tarda más de lo que pensamos, pero saber que vamos en la dirección correcta es de gran ayuda. Pequeñas confirmaciones en el transcurso del camino pueden recordar a tu amado o amada que están mejorando día con día.

A-Aceptación. A veces no estarás listo para enfrentar lo que la vida te ponga enfrente. Pero aceptar que las cosas justas suceden por razones justas, en el momento justo y con la persona justa, hacen más llevaderos los cambios difíciles.

S-Soporte y fortaleza. El soporte de la persona que amamos puede ser lo que necesitamos para superar un mal día cuando nuestra fortaleza no es suficiente. Tener a tu pareja contigo, aunque sólo vean televisión, ayuda a tener una actitud positiva ante la vida. La sensibilidad nos hace más fuertes. Cuando tienes compasión, debes mantener también tu fortaleza para poder satisfacer las necesidades de tu pareja.

I-Imaginación. Saber cómo ser compasivo puede ser un reto. Aquí es donde la creatividad puede ser de ayuda. No tienes que ser doctor o enfermera para aliviar el dolor de alguien. Cuando tú y tu pareja conjugan sus mentes, tienen el poder necesario para crear lo que quieran y necesiten.

O-Orientación. Estar abierto a las emociones, y saber orientarlas, nos permite sentir cosas que bloquearíamos con normalidad. A través de la compasión somos capaces de sentir cosas que no hemos sentido antes. El desarrollo personal se da en todo momento de la vida y a menudo viene acompañado de gente que amamos.

N-Nutrir. Tal vez la esencia de todo esto recae en nuestra habilidad de nutrir a los demás. Es probable que la mayoría de nosotros no recibamos ese alimento. Por eso, el ayudar a tu pareja a sentirse apoyada e impulsada es un regalo increíble.

Cuando demuestras tu compasión, expresas sentimientos en formas que tal vez no podrías expresar con palabras. Aquellos compasivos son los que tienen relaciones afectivas más satisfactorias. Desarrollar y ejercitar el hábito de la compasión crea una zona segura para tu amor y para todos los sentimientos y problemas que puedan surgir en tu vida. No puedes remplazar el suave tacto de tu pareja o su simpatía con nada más. La compasión puede sanarlos a ambos, así como darles más seguridad emocional de la que hayan podido imaginar.

19
Atención

¿Qué significa la atención para ti? ¿Significa recibir cosas de tu pareja? ¿O es lo que por amor hace por ti? ¿Te gustaría aumentar el nivel de atención de tu relación?

Si la respuesta es sí, hay muchas herramientas y técnicas que puedes emplear. La atención es un hábito que puede hacer una gran diferencia entre tener una buena interacción con tu pareja y estar en una a punto de desmoronarse. He trabajado con numerosas parejas que podrían estar en excelentes relaciones, pero que han olvidado ser atentos, y el resentimiento generado los ha hecho llegar al punto en el que la terapia ya no es una decisión, sino una necesidad.

Sé sobre las demandas de trabajar más de 40 horas a la semana, criar niños, estar al día con las cuentas y mantener un hogar. Para cuando cae la noche será difícil que tengas energía para tu pareja, y los fines de semana no son mejores. Cuando trabajas demasiado y te encuentras muy cansado es fácil pensar que estás haciendo todo por tu cuenta. Es probable que tu pareja trabaje tanto como tú y se esté sintiendo de la misma forma.

Sí, es fácil olvidar que están en esto juntos, pero si ambos recuerdan ser más atentos, serán mejores para la relación. Tengan una pequeña plática de cómo pueden ser más atentos. Esta conversación no tiene que terminar en riña o tristeza. Todo lo que se necesita es el deseo de mejorar.

Cualquier acción mejorará la relación una vez que hayan expresado este deseo. Crear el hábito de la atención mejorará tu relación, y tener la conversación inicial es lo que a menudo necesitan las parejas para volver al buen camino. Aquí se presenta un ejercicio para ponerlo en marcha.

Ejercicio: conversar sobre la atención

- ✓ **Paso 1.** Es intimidante empezar la conversación diciendo que quieres que la atención se vuelva un hábito, pero recuerda que no estás haciendo grandes demandas. Tú quieres hablar con tu pareja sobre formas de ser felices. Con ese pensamiento en mente, saca el tema con delicadeza para no provocar que tu pareja se ponga a la defensiva. Asegúrate de no hacer sentir culpable o poco apreciada a tu pareja cuando le pidas conversar sobre el tema.
- ✓ **Paso 2.** Hazle saber a tu pareja cuáles de las cosas que ha hecho en el pasado te hacen sentir que piensa en ti. Cuando se dé cuenta que ya realiza muchas cosas que necesitas, el trabajo no parecerá difícil. Agradécele por hacer todas esas cosas por ti.
- ✓ **Paso 3.** Sugiérele con delicadeza los aspectos en los que te gustaría que se esforzara más.

✓ **Paso 4.** Pregúntale por aquellas acciones que has realizado que le gustan. Después pídele que te sugiera otras formas en las que podrías ser más atento.

✓ **Paso 5.** Piensen en lo que ambos han dicho y hagan el compromiso de ser más atentos uno con el otro.

Lo bueno de este ejercicio es que hará que sus sentimientos sean más apreciados en vez de minimizarlos. Los inspirará a tomar todo aquello que han aprendido para ser aún más atentos. Este proceso de comunicación sí funciona, así que vale la pena intentarlo.

La atención puede ser expresada en muchas maneras: decir cosas lindas, acomodar la silla para la otra persona, abrir puertas, hacer una comida familiar, o limpiar después de ésta. Enfocarse en ser más amable y atento puede hacer una gran diferencia en la relación. Una pareja que conozco desarrolló un ritual en el que él siempre abre la puerta del carro para ella y ella le responde con un beso.

¿Recuerdas cuando comenzaban a salir y solían hacer pequeñas cosas el uno por el otro? ¿Cómo te hacía sentir? ¿No es eso parte del por qué estás con esa persona? Lo único que sugiero es que sigan haciendo estas cosas para cuando estén en su casa de retiro. Si has olvidado cómo, aquí hay otras ideas para empezar de nuevo:

❧ Haz el primer movimiento. Para hacer que el juego continúe, ¿por qué no ser una mejor persona y dar la primera atención? Puede ser tan sencillo como hacerle un cumplido. Los cumplidos pueden levantar el ánimo de las personas haciéndolas más capaces de participar en una relación, y pareciera que la mayoría de la gente no escucha los suficientes.

❧ Hazle la vida más fácil a tu pareja. Algunas personas odian pagar las cuentas, otras no soportan hacer planes vacacionales. Todos tenemos algo que no nos gusta. Tener alguien que nos quite ciertas cargas de los hombros es un ejemplo de atención. Tu pareja responderá haciendo algo similar por ti.

❧ Haz cosas lindas sin ninguna razón en particular. Hacer cosas lindas es una buena forma de sanar y promueve más amor en tu vida. Si alguien hace algo lindo por ti, es muy probable que regreses el favor. No estoy hablando de comprar boletos para el Super Bowl o brazaletes de diamantes. Recuerda, se trata de los pequeños detalles, como dejar notas de amor, ayudar o pedirle a tu pareja que baile contigo en la sala cuando nadie más los ve.

❧ Haz por tu pareja lo que te gustaría que ella hiciera por ti. Piensa en cómo te gustaría que te tratara tu pareja y trátala de esa misma forma. Tal vez tendrás que cambiar un poco. Quizá a tu pareja no le interese recibir un *manicure* o un *pedicure*, pero le encantará la idea de un masaje de pies.

❧ Escucha con más atención. Si escuchas a la persona que amas con cuidado, te darás cuenta de que te insinúa lo que la haría sentir bien. A menudo nuestras parejas nos dicen lo que desean, pero por alguna razón, no los escuchamos o lo olvidamos con facilidad. Cuando la escuches expresando lo que desea, haz una nota mental, y cuando tengas la oportunidad hazle el favor.

A veces la atención no requiere nada más que saber lo que es importante para la persona que amas. Quizá ella tuvo un mal día en la oficina. Ser empático y hacerle saber que eres consciente de lo duro que es su trabajo, y que aprecias lo que hace por ti y tu familia puede ayudarle a sacarlo de una incómoda espiral emocional. La atención significa escuchar lo que tu pareja dice. Si ella se abre y te cuenta sobre algo que la lastima o le causa estrés, asegúrate de escucharla de verdad. A tu amada le interesa saber que te preocupas por ella y por lo que sucede en su vida.

La verdadera atención viene del fondo de tu corazón. Cuando amas a alguien de verdad, quieres que lo sepa, y las atenciones (no interesa qué tan pequeñas sean) son la forma perfecta de demostrar que te importa. Tu pareja lo percibirá y la profundidad de su relación se renovará.

Una de las mejores partes de este hábito amoroso es que cuando se integre a tu alma y corazón, te sentirás tan bien (sino es que mejor) como la persona que recibe tus atenciones. La belleza de esto es que se vuelve más fuerte cada vez que eres atento. Pasar por malos ratos es más fácil cuando sabes que tu pareja está ahí sin importar nada más.

Yo vivo para dar, y pienso en cosas que puedo hacer en el día a día por las personas que amo. De verdad disfruto poner una sonrisa en la cara de alguien más, en especial cuando esa persona es el amor de mi vida.

Sin importar qué esté pasando en tu mundo, necesitas dar ese paso extra y pensar mucho en cómo puedes iluminar la vida de tu pareja. Así, los dos serán mejores.

20

Discusiones respetuosas

¿Las discusiones con tu pareja a veces se tornan ruidosas y sumamente dolorosas? ¿Alguna vez han hablado con sinceridad sobre la discusión misma y reflexionado en qué fallaron?

Cuando se discute a menudo en una relación no queda mucho espacio para disfrutar la vida en pareja. El resentimiento puede ser tan grande que todos lo notan. Tus amigos podrían tratar de evadirte con tal de no verse envueltos en ese rollo de destrucción emocional. Mucha gente piensa que debe alejarse de los comportamientos negativos y las malas vibras, incluso tú podrías sentirte justo de la misma forma. Si es así, ¡tienes que hacer algo!

Para iniciar el proceso de mejora, ambos tienen que dejar de negar lo que pasa y admitir que hay un problema. Tendrán que dejar sus diferencias de lado para poder hablar sobre lo que ha estado pasando en su relación. Salir de la rutina negativa requerirá un nuevo plan de juego. Tal vez sea tiempo de consultar a un especialista. Y quizá sea necesario ofrecer una o varias disculpas.

Si las cosas suelen ir mal cuando discuten, deben saber que muchas parejas lidian con esto. Pero también hay que reconocer que los conflictos en las relaciones son normales, la clave para resolverlos está en pelear de forma justa. Esto significa aprender qué decir y qué no, y cuándo. Por eso, en una relación es necesario aprender a establecer límites sin añadir leña al fuego. Discutir con respeto es una habilidad y un hábito. Pueden aprender a usar ciertas herramientas de comunicación que les ayudarán a construir el hábito de discutir con respeto. Todo lo que se necesita es práctica.

- Antes de hablar con tu pareja escribe una lista con todas las cosas que quieres decir. De esa forma, aun cuando la conversación no vaya en la dirección que esperabas o se desvíe un poco, podrás abordar todo lo que quieres sacar de tu pecho.
- Enfoca una parte de tu energía en ser educado. Esto te ayudará a evitar reaccionar con respuestas defensivas. Siempre evita atacar de manera verbal: usando groserías o criticando a tu pareja en cualquier modo. Ser educado les ayudará a mantener su autoestima y atención en el problema a resolver. Usa un lenguaje amable y fácil de entender para demostrar que tienes buenas intenciones.
- Enfócate en entender con claridad. Puede ser difícil cuando surgen asuntos emocionales, pero es importante. A veces los sentimientos o la ira nos dejan ciegos. Ser abierto y honesto con tu pareja, aun cuando estás ansioso o herido, es la mejor forma de arreglar sus problemas. Digan lo que tienen que decir para poder continuar y disfrutar la vida o un día juntos.

- Establece lo que quieres decir a través del Yo-mensaje. Expresa cómo te sientes, usando frases como: "Cuando dices (o haces) esto, yo me siento de esta forma". Tu pareja será capaz de escucharte sin ponerse a la defensiva si usas el Yo-mensaje. Si tu pareja tiene comportamientos que desearías que cambiara, usa ejemplos claros acompañados de sugerencias gentiles de cómo te gustaría que fueran las cosas.

- Cuando es tu turno de escuchar, no interrumpas. El secreto para tener una buena conversación es estar seguros de que ambos escuchan al que está hablando. Pueden acordar que ninguno hablará mientras el otro lo esté haciendo.

- Después de que cada uno haya hablado, pide a tu pareja que repita lo que escuchó. Después de que hables, da a tu pareja la oportunidad de repetir lo que entendió. Si entendió bien, escucharla será reconfortante. Si no entendió bien, explícale de nuevo con claridad lo que quisiste decir. (De nuevo, no interrumpas, déjala terminar de hablar y después haz la corrección). Asimismo, después de que tu pareja haya dado su versión de la historia, repite lo que entendiste. Después, da la oportunidad de que te diga si entendiste bien o mal.

- Tomen un receso si es necesario. Está comprobado que tomar recesos es un buen método para mantener las cosas en la dirección correcta. Cualquiera puede pedir un receso, pero ambos deben comprometerse a terminar la conversación sin importar lo incómoda que pueda ser. Dejar las cosas incompletas es una invitación a más malentendidos y sentimientos dolorosos.

Ten la seguridad de que estas herramientas sí funcionan. Familiarízate con ellas, verás que usarlas cuando aparece un desacuerdo hará una gran diferencia en su comunicación. Para finalizar, siempre ayuda el recordarse uno al otro el compromiso que tienen con su relación. Prometan que siempre harán lo posible por solucionar cualquier dificultad que pueda surgir, que serán cordiales y amables para hacer las cosas mejores. Así como tú haces esta promesa, asegúrate de escuchar y sentir a tu pareja.

Desarrollar el hábito de una discusión respetuosa puede no ser tan simple como suena. De hecho, puedes estar seguro de que necesitará un esfuerzo constante. La recompensa será tener una relación que va por el buen camino y siempre hacia adelante.

21
Seguridad

Si has estado en una mala relación, donde hubo deshonestidad, ira, o quizá también infidelidad, puede que estés más preocupado por la relación en la que estás ahora. Si sientes cualquier distanciamiento de tu pareja, aun si es un momento pasajero, puedes empezar a sentirte inseguro con tu relación.

Si eres alguien que ha atravesado momentos difíciles como un engaño, ciertos comportamientos –como tu pareja llegando del trabajo más tarde de lo habitual o pasando más tiempo en la computadora– pueden hacer que te preocupes de más. Podrías pensar con facilidad, y quizá empezar a sentir, que la persona en la que confías y amas te está siendo infiel. Es más probable que la economía sea la que obligue a tu pareja a trabajar más de lo común o, tal vez, sólo se encuentran un poco desconectados el uno del otro.

La mejor manera de superar esto es tener una conversación y, sin acusar a tu pareja, pedir una explicación clara. Pedir apoyo o consuelo no es señal de debilidad. Es bueno admitir que te estás sintiendo un poco inseguro. Una pareja amorosa no se ofenderá (aunque ponerse un poco a la defensiva es natural). Si pides empatía, la persona que te ama debe ser capaz de darte el confort que necesitas.

El verdadero amor se trata de estar con la persona que amas cuando atraviesa momentos difíciles. Piensa en todas las veces en las que extendiste la mano a alguien que amabas. ¿Alguna vez has sido rechazado? ¿Siempre has recibido un abrazo cuando lo necesitas?

Mientras buscas explicaciones por sentimientos o inseguridad, debes preguntarte si tú no has estado un poco distante también. Si es así, esto puede explicar por qué estás fuera de sincronía con tu pareja.

La inseguridad en las relaciones proviene del pasado y del presente. Hablar sobre lo que te molesta los llevará a tener una mayor confianza, la cual traerá una conexión más profunda y aliviará tu dolor. Una vez que nuestra vida se entrelaza con las de otros, se vuelve más complicada, pero también tenemos una nueva fuente de estabilidad y entendimiento. No puedo pensar en una mejor razón para estar en una relación. El amor tendrá altibajos, pero tu compromiso y disposición para estar ahí con tu pareja es lo que hace que la vida funcione en momentos difíciles como el presente.

Una vez que iniciaron la conversación, fluirá con más facilidad de la que anticipaste. Si tu pareja también se siente decaída, verá con buenos ojos la oportunidad de eliminar todas las molestias entre ustedes. Recuerda que muchas veces, nuestros seres queridos no están conscientes de lo que sentimos. Si no compartimos nuestros sentimientos e inseguridades el uno con el otro, se creará mayor inseguridad y desconexión. Así que da este paso y bríndale a tu relación la oportunidad de mejorar… ¡Y que empiece la conversación!

Tal vez descubrirás que no puedes tener a tu pareja a tu lado tanto como quisieras, ya sea porque sus responsabilidades laborales han aumentado o porque tiene otros compromisos. Si esto te provoca inseguridad, crea otras formas de soporte para crear un mayor equilibrio en tu relación.

❦ Mejora tu estructura de soporte emocional. Si tu pareja está menos disponible de lo que te gustaría, no hay razón para pasar tu tiempo a solas. Pasa más tiempo con amigos y familiares. Recordar que se es amado por familia y amigos puede ser bueno para tu relación, porque te hará sentir más seguro. Tu pareja y tú apreciarán el cambio.

❦ Busca consejo profesional en las personas en las que confías. Si estás teniendo problemas emocionales, tal vez quieras buscar ayuda profesional. Si tus preocupaciones son financieras, entonces busca un consejero en finanzas que te ayude a ir en la dirección que quieres. Hay gente buena afuera, y si no conoces a alguien, pide a algún amigo en quien confíes que te recomiende a alguna persona.

❦ Únete a un grupo de ayuda. Si te sientes cómodo con los grupos de ayuda, hay docenas de ellos para cualquier problema que puedas tener. Puedes buscar en internet grupos de apoyo en tu ciudad y encontrarás docenas. A veces la energía positiva de un buen grupo de ayuda es justo lo que recetó el doctor.

❧ Aprecia las cosas buenas del mundo. Muchas veces, cuando estamos decaídos, nos enfocamos en lo peor del mundo. En vez de eso, piensa en toda la gente y cosas en tu vida por las cuales agradeces estar vivo.

Mucha gente mantiene su relación hasta que sienten cierta inseguridad, en ese punto viven con ella o actúan mal por su culpa. Es mucho mejor desarrollar algunos hábitos en la relación que forzar la seguridad emocional. Si haces estas actitudes una docena de veces, empezarán a surgir con naturalidad.

Primero que nada, que tus comentarios sean cortos y dulces. Si tu pareja hace algo que te hace sentir inseguro, como olvidar decir adiós en la mañana antes de salir de casa, es tu responsabilidad decírselo para el bien de tu relación. Yo te recomendaría que le mandes un mensaje con un texto simple, como: "Extrañé tu beso de despedida esta mañana", y dejarlo así. Obtendrás una respuesta. Tu pareja puede o no mencionar el beso olvidado, pero recuerda que plantaste una semilla y tienes que darle tiempo de crecer. A veces tenemos que enseñar a nuestra pareja (y a nosotros mismos) qué necesitamos para formar la mejor pareja posible.

Otro comportamiento que puede ayudarnos a tener mayor seguridad es la introspección antes de enfrentar a nuestra pareja. Piensa si tu compañero siempre ha sido positivo y nunca te ha dado razón para desconfiar de él. Si te estás sintiendo inseguro, es bueno echar un vistazo primero a tu interior, porque algo en tu vida pudo disparar ese sentimiento y no tu pareja. Puede ser que estés influenciado por una película que viste la noche anterior y tu inconsciente proyectó sentimientos equivocados de tu pareja porque olvidó llamarte cuando suele hacerlo. Cuando ves una película inquietante por la noche, puede con facilidad meterse en tu mente y causarte sentimientos de angustia. Y esto es sólo un ejemplo de cómo las influencias externas pueden alterar nuestra percepción de la persona que amamos.

Tener un conocimiento profundo de tu pareja y confiar en que no ha cambiado, removerá cualquier razón que tengas para desconfiar de sus acciones. A menos que tu pareja te dé una razón directa para desconfiar de ella, siempre debes concederle el beneficio de la duda.

Para finalizar, un poco de confort nunca lastima las relaciones. Decir "te amo" debe ser devuelto con cariño o con palabras especiales que significan lo mismo para los dos. La buena comunicación es lo más importante en una relación. Así que dile si vas a llegar tarde y cómo va tu día, y pídele que este favor sea devuelto. Esto es mucho más que simple cortesía, es un acto de amabilidad que mantiene a la persona que amas lejos de estresarse sin razón.

22

Dicha

¿Tienes una relación llena de enormes alegrías? ¿Hay cosas que has pensado hacer para aumentar tu nivel de felicidad? ¿Sientes que tienes que empujar a tu pareja para que sea dichosa en la vida?

La dicha puede ser algo escurridiza, en especial cuando la relación ha pasado por baches en el camino. Pero encontrarla puede ser la diferencia entre éxito y fracaso, no sólo en las relaciones, sino también en la vida en general. La dicha es el sentimiento que te llega cuando ves a tu pareja y sientes todo lo bueno que han creado juntos. Así es como la vida debería ser.

A veces estamos tan ocupados con nuestra cotidianidad y responsabilidades que olvidamos disfrutar la vida juntos. Otras veces lo que deseamos puede eclipsar la dicha de vivir juntos y apreciar lo que tenemos. Mucha gente ha descubierto que no necesita grandes casas o carros nuevos para tener una buena vida. Las parejas se han vuelto más cercanas en estos días. Como el mundo ahora es más difícil de navegar, la gente necesita el soporte de una pareja amorosa y leal. Con esta cercanía viene el beneficio añadido de más amor que los fortalece y hace más fácil la vida juntos. El resultado es más dicha. Y mientras más feliz te sientas más fuerte es tu relación; a su vez traerá más dicha y así continúa el ciclo.

No hay una forma correcta de atraer más alegría y energía positiva a tu vida amorosa. Ya sea haciendo cosas nuevas juntos o disfrutando las ya probadas, hay un sinfín de maneras para convertir el gozo en un hábito. Tal vez quieras empezar con algo pequeño, pero recuerda que el mundo es tu lienzo. Una vez que te permites disfrutar de más gozo, tu pareja lo notará y cambiará la forma en la que te relacionas con ella. Cuando eres más feliz, la persona que amas será más alegre cuando esté cerca de ti. También te encontrarás más dispuesto a probar cosas diferentes. Mientras realices actividades placenteras más seguido, incluso las tareas que no te gustan se volverán más fáciles; tendrás una motivación esperándote para cuando las termines. Aquí hay algunas ideas de cómo traer más dicha a tu relación:

- Hablen, mándense *mails* y mensajes de texto todos los días. No puedo enfatizar lo sufciente la importancia que tiene mantenerse en contacto a lo largo del día. Hará que ambos se sientan más cercanos y esto hará maravillas por tu vida amorosa. Y no estoy hablando de enviar un mensaje a tu pareja para recordarle recoger la ropa de la lavandería. Tus mensajes deben recordarle que siempre piensas en ella. Saber que tu amado ha estado pensando en ti siempre es una fuente de dicha.
- Di "te amo" en momentos apropiados. Otra vez, escuchar esas palabras hace una gran diferencia para la mayoría de las personas. Puedes pensar

que tu media naranja ya lo sabe, pero la verdad es que todos queremos escucharlo. Como pareja, pueden inventar su propio lenguaje especial para expresar este sentimiento.

❧ Haz planes para hacer cosas que te gustan con la persona que adoras. Puede que no te sea posible hacer algo todos los días, pero saber que pronto tendrás la oportunidad les dará a ambos algo que esperar con ansias, lo que dará más dicha a la relación.

❧ Aprende a dejar atrás viejos reclamos. Si te estás aferrando a un enojo del pasado hacia ti mismo o hacia tu pareja, déjalo ir. Así, tan simple como suena. Todos sabemos que dejar ir o perdonar requiere de mucha disciplina, paciencia y fuerza de voluntad. Lo bueno es que cuando sueltas el rencor, redescubres y abres tu corazón a más cordialidad, afecto y dicha.

❧ Pasen más tiempo juntos. Ya sea que tu relación apenas comience y necesiten tiempo para conocerse, o hayan estado juntos desde siempre, es importante pasar tiempo placentero como pareja. En realidad no importa qué hagan, siempre y cuando disfruten los momentos juntos. Ya sea paseando, leyendo o descubriendo una parte de su historia (o sólo algo que pasó el otro día). Pasar este tipo de momentos los acercará más, se los garantizo.

❧ Nunca subestimes el poder de la amabilidad. Algunas personas creen que ser amable es una debilidad, y no pueden estar más equivocados. La amabilidad puede hacer la diferencia entre el éxito y el fracaso. Puede hacer tu vida y tu relación más profundas y más significativas. También puede cambiar la vida de otros en una forma total y positiva. La amabilidad es muy poderosa. Sólo responder de manera atenta, aun cuando no estés de humor, es una herramienta que te servirá más que cualquier artículo o herramienta que te hayas comprado.

- Pide una comida de su restaurante favorito. Dense un descanso y en vez de cocinar la cena, llamen y pidan comida. Además rompan con el resto de su rutina nocturna. En vez de preocuparse por las cuentas o el trabajo del día siguiente, liberen algo de espacio para rentar una película que hayan querido ver juntos. Una salida ocasional de su rutina hará que su relación se sienta renovada.

- Empiecen un proyecto juntos en casa. No necesitan remodelar la cocina entera, tomen algo de pintura y cambien el color de una habitación que necesite una mejoradita. Pueden aventurarse e intentar construir (o ensamblar) un nuevo mueble juntos. Vencerán el reto y podrán compartir la emoción de completar el proyecto. Además, el resultado puede ser una fuente de dicha, en especial si lo hicieron juntos.

- Vean su álbum de fotos. Recuerda que pasar algo de tiempo juntos viendo viejas fotos les traerá recuerdos felices. No sólo les recordará las cosas agradables que han hecho, sino que los alentará a hacer más.

❧ Aprecia la compañía de tu pareja. Si van al cine, asegúrate de disfrutar esa oportunidad de pasar tiempo con tu amorcito. Pasa lo mismo cuando tu pareja te sorprende con un regalo de cualquier tipo. Recibe y aprecia el regalo, así como la energía invertida en esta sorpresa. Y sí, la intención es lo que cuenta.

Quizá el reconocimiento es lo que más disfrutan las personas en una relación. Para que el reconocer los méritos de tu pareja sea un hábito, tienes que tomar el tiempo para dejar de pensar en lo demás y enfocarte en tu pareja y en la vida que han construido. Todos podemos ser mejores; cuando tú lo hagas tu relación mejorará más y más. Después de trabajar duro para hacer que una buena relación funcione, mereces algo de felicidad. Y estará para ti siempre y cuando no guardes rencores y compartas tus sentimientos reales. Las cosas que evitan que seamos dichosos son las mismas que generan depresión. Tenemos que salir de nosotros mismos y adentrarnos en el corazón y la mente de la gente que amamos. Entonces, y sólo entonces podremos disfrutar de la felicidad que genera el vivir en pareja.

Hacer de la dicha un hábito puede ser una de las cosas más gratificantes que pueden hacer como pareja. Conforme te adentres en esta aventura irradiarás felicidad a los demás, y tendrás relaciones más profundas, no sólo con tu pareja, sino con la gente importante en tu vida.

23

Progreso emocional

¿Alguna vez has sentido que tu relación está estancada? ¿Has pensado en lo que sería llevarla al siguiente nivel? ¿Inviertes el tiempo y la energía necesarios para que tu relación avance?

No todas las parejas se llevan bien todo el tiempo. Confía en mí, pelearán más de una vez, pero no permitan que eso frene su progreso emocional. El estancamiento en las relaciones a menudo deja a uno o a ambos con aburrimiento y desconexión. El secreto es crecer como pareja, arreglando los problemas que se presenten en el camino para fortalecer los vínculos entre ustedes.

Las parejas más exitosas llevan a cabo un progreso emocional. Todo lo que se requiere es un compromiso entre ambos para seguir creciendo. Una vez que hagan el compromiso, encontrarán diferentes formas de cumplirlo.

La visualización es una gran forma de llevar tu relación hacia delante. Si ambos dedican un poquito de tiempo diario para pensar en cómo les gustaría que fuera su relación, y lo que les gustaría obtener, pueden dirigirla en la dirección correcta. Los pensamientos inspiran acciones. Visualizar lo que quieres puede ayudarte a crear magia en tu relación, inclusive si pensabas que la magia ya había desaparecido. De tal forma, la visualización puede hace una gran diferencia en sus vidas, y es aún más fuerte si la hacen juntos.

Ejercicio: progreso de visualización

- ✓ **Paso 1.** Siéntate con tu pareja en un lugar cómodo, de frente y sosteniendo sus manos. Pueden cerrar los ojos.
- ✓ **Paso 2.** Crea una imagen en tu mente de lo que quieres y necesitas. Tu pareja debe hacer lo mismo. Pasa varios minutos con estas imágenes y deja que otras vengan a tu mente.
- ✓ **Paso 3.** Comparte tu visión con tu pareja, y que ella comparta la suya. Platiquen cómo es que todas las imágenes podrían fusionarse en una sola.
- ✓ **Paso 4.** Tomen varios minutos al día para visualizar su futuro juntos.

El progreso de visualización te ayudará a crear resultados positivos al imprimir los deseos en tu cerebro, así se incrementará tu motivación para hacer los cambios que quieres. La visualización también te relaja y los anima a ser más cercanos. Haciendo esto juntos y compartiendo sus sueños la harán más efectiva y poderosa.

Sacar a flote el tema del progreso emocional es difícil si piensas que tu pareja no ve las cosas como tú. Aun si ella se siente de forma similar, puede ser un reto abordar el tema del "progreso emocional". Definirlo puede ser difícil, pero lo sabrás cuando lo sientas. Es probable que la mejor manera sea sugerir con delicadeza que los dos serían más felices si ayudaran a que la relación continúe creciendo.

Cuando estén en la misma sintonía, pueden hacer el ejercicio de visualización de este capítulo. También, podrían evaluar dónde está su relación y contrastarla con dónde les gustaría que estuviera. Haciendo esto, serán capaces de identificar lo que pueden agregar para cumplir sus metas. También puede ayudar, escribir sus objetivos. Si se dan cuenta de que quieren crecer en un área específica, desarrollar el hábito del progreso emocional será más fácil de lo que crees.

Otra buena idea es hacer un mantenimiento emocional para asegurar que su relación funciona bien. Al hacerlo, lograrán crecer como seres sensibles y no quedarse atascados en el camino.

- Nunca menosprecies tu relación. Si crees que has estado cometiendo este error, ten el valor de preguntarle a tu pareja si se siente menospreciada en cualquier sentido o forma. La apreciación entre la pareja es esencial. Ambos pueden disfrutar hacer sus propias cosas, pero siempre recuerden ser un equipo cuando se trate de su unión.
- Siempre muestra consideración y respeto. Todos sentimos cuando estamos de mal humor pero ¿por qué tenemos que afectar a los que amamos? Si lo que necesitas es esconderte por un día, hazlo, pero al menos sé lindo con tu pareja y dile lo que sucede.
- Sé consciente de las circunstancias. Si la cuestión monetaria se ha ajustado y has tenido que poner en espera tus sueños, habla sobre ello. Ambos

pueden estar sintiendo cierta frustración, pero discutir sobre dónde están en la vida puede darles la perspectiva y seguridad que necesitan para seguir adelante.

❧ Toma las cosas con calma, aun si no obtienes siempre lo que quieres. Pedir de forma amable siempre es una buena idea. Si intentas controlar tu relación, no tendrás energía para lo demás. A veces será más fácil avanzar con tu pareja si olvidas aquello que te molesta.

❧ No engrandezcas los pequeños problemas. Ten cuidado de no hacer cada problema tan dramático como la última escena de *Titanic*; el drama sólo te agotará. Si tiendes a exagerar las cosas, algo falta en tu relación. Encuentra qué es y empieza a aportarlo, porque tu relación debe ser un lugar de paz.

❧ Asume la responsabilidad de tu propia felicidad. Sin importar qué tanto se esfuerce tu pareja, no podrá crear la felicidad para ti. Este es un trabajo interno, puro y simple. Si quieres culpar a alguien por no ser feliz, mira un espejo.

❧ Deja ir rencores pasados. Uno de los regalos más grandes que puedes hacer a tu relación, y a ti mismo, es dejar ir dolores del pasado. Sólo imagina cuánto se aligerará tu vida sin todo el equipaje extra por haber sido ofendido.

❧ Nunca mientas o finjas felicidad. Fingirla impedirá tu progreso. Habla de tus fracasos tanto como de tus éxitos. Siempre di la verdad si te sientes mal por algo que ha pasado o que has hecho. Sea lo que sea puede ser perdonado y olvidado. Sólo cuando ambos son abiertos con sus pensamientos y sentimientos pueden lograr un progreso como pareja.

❧ Confía que estás en tu relación para crecer, y nunca dejes de buscar eso. Las parejas que se exploran a sí mismas obtienen más de la vida juntos.

Hacer un progreso emocional es bueno no sólo para el bienestar de tu relación. También es bueno para tu salud física. La gente que continúa creciendo en varias áreas de su vida vive más tiempo y más intensamente. Por lo general, aquellos que renuncian terminan solos y deseando haber hecho más para cambiar sus circunstancias.

Las parejas felices saben que el hacer cosas diferentes sumadas al compromiso de ser siempre mejor, es un gran paso para mantener todo por el buen camino. De aquí en adelante sólo pueden mejorar.

24

Trabajar en tu relación

¿En tu relación hay cosas que no funcionan? ¿Has buscado formas de mejorarla? ¿Te has preguntado por qué algunas relaciones funcionan y otras no?

Hay una razón por la que algunas relaciones funcionan tan bien. Es porque las parejas trabajan de manera activa para mejorarla. Algunas van a terapia, otras leen libros y los comentan, y otras más tienen pláticas sobre el estado de su relación. No hay preocupaciones o dudas sobre las acciones del otro.

Una vez vi en un periódico una caricatura donde salía una pareja de gruñones malencarados. En la escena se leía el mensaje: "¡La relación funciona porque la hacemos funcionar!" Sé que era un chiste, pero la verdad es que si más parejas hicieran un poco de esfuerzo, los abogados encargados de los divorcios tendrían menos trabajo.

Trabajar en tu relación no es sencillo, pero es mucho más fácil que reparar una que ha estado mal. Esta idea de trabajar en la relación le es ajena a muchas parejas. Muchas personas piensan que si ignoras los problemas, se resolverán solos. Por ejemplo, después de una discusión ya nadie habla de eso o sólo trabajan para resolver el problema y así minimizar los efectos secundarios. Sólo continúan con su vida hasta que se les olvide lo que pasó o algo más los distraiga. El problema con esto es que ignorar los problemas tiende a crear un cúmulo de sentimientos negativos. Cuando aparece un detonador, esos sentimientos resurgen, causando un problema mucho mayor a aquel que se ocasionaría si lo hubieran arreglado de forma eficaz desde el principio.

Otra cosa muy importante para tener en cuenta es que, como ya mencioné antes, tu pareja no es psíquico. Si hace algo que te disgusta y tú reprimes tus sentimientos en vez de decir algo, no esperes que sepa lo que estás pensando. Sería injusto que estallaras si hace lo mismo otra vez. Explotar nunca es buena idea. Una acción mucho más sana es hacerle saber a tu pareja cuando algo te molesta.

Otra herramienta que he usado por años es la reunión de relación semanal, la cual he tomado de mi primer libro, *Ejercicios Emocionales para Parejas*,[2] y la he adaptado aquí. Si no tienes experiencia con este tipo de reuniones, deberías saber que es un proceso delicado que requiere mucho menos esfuerzo que tener una pelea. Al contrario, es una poderosa herramienta.

Ejercicio: llevar una reunión de relación semanal

✓ **Paso 1.** Para empezar, pregunta a tu pareja si estaría interesada en tener este tipo de reuniones; primero, para ver cómo responde y, segundo, para

---

[2] Barton Goldsmith, *Emotional Fitness for Couples. 10 Minutes a Day to a Better Relationship*, Oakland, New Harbinger Publications, 2006.

ver si pueden obtener algo de este tiempo que ayude a su relación. La mayoría de la gente quiere que sus relaciones mejoren, por lo que hacer esta pregunta, de manera gentil, generalmente funciona bien.

✓ **Paso 2.** Establezcan algunas reglas importantes. Antes que nada, sean amables. Eso significa no alzar la voz, no denigrar y no recordar viejas heridas u ofensas. Si quieres comentar algo que te molesta del pasado, guárdalo para otra reunión donde planeen hablar sobre problemas pasados. Su reunión de relación semanal debería concentrarse en eventos de la semana anterior. Otra vez, estas reuniones están diseñadas para ayudarlos a relacionarse de manera positiva, por lo que es importante comportarse de forma correcta.

✓ **Paso 3.** Empieza la conversación agradeciendo a tu pareja por hacer esto contigo, y déjala expresar sus pensamientos sobre empezar este proceso también. Si se sienten bien, pueden hacer el ejercicio de conexión del capítulo 11.

✓ **Paso 4.** Si tienes alguna queja, dile cómo te sientes en el momento. Esta reunión es para expresar lo que te ha molestado en la forma de relacionarse de la semana anterior. Asegúrate de expresar tus sentimientos a través de Yo-mensajes, es decir, "yo siento…", "yo creo…", "yo sugiero…", "yo opino…". Una vez que hayas terminado, permite a tu pareja expresar sus sentimientos o quejas. Advertencia: por favor, no intenten poner todas las cartas sobre la mesa de un jalón. Aborden uno o dos problemas a la vez, o lo que podría ser una interacción positiva puede terminar en una revelación arrolladora.

✓ **Paso 5.** Después de que ambos hayan tenido la oportunidad de hablar, repite a tu pareja lo que entendiste de lo que dijo, y escucha lo que ella te entendió. Ten en mente que los malentendidos a menudo pueden ser aclarados con un poco de retroalimentación y comunicación.

✓ **Paso 6.** Libera cualquier negatividad que tengas contigo y mejor aférrate a tu pareja.

Llevar la actividad con bases evitará que los problemas empeoren. Se resolverán antes de que cualquiera de los dos haya generado algún resentimiento. Cortar los problemas de raíz, como dicen, disminuirá las probabilidades de que las cosas salgan mal o los sentimientos de alguien queden heridos.

También necesitas ser capaz de trabajar en los problemas pasados y tienes que poder hablar sobre cómo compensar las veces en que lastimaste a tu pareja. A veces no somos conscientes de lo que pasa hasta que algo más desencadena un sentimiento y recordamos con dolor ciertas cosas. Recuerda: los problemas pasados deben resolverse en un formato diferente al de las reuniones semanales.

Una de las mejores maneras para sentirte bien es escribir lo que te ha estado molestando y lo que te gustaría que tu pareja hiciera para compensarte. Como parte de este ejercicio, puedes escribir las cosas buenas que has hecho cuando sientes que heriste a tu pareja. Lee lo que escribiste y perfecciónalo para poder mostrárselo a tu amada de la forma menos dolorosa posible. Cuando se nos pide de forma amable hacer algún cambio en nuestro comportamiento, es más fácil transformar nuestras actitudes y acciones.

Además de todo, trabajar en tu relación puede ser divertido. Por ejemplo, otra fantástica idea es hacer planes para el futuro. Si planear a largo plazo te parece demasiado por el momento, pueden hacerlo sólo para las siguientes vacaciones o el próximo año. Vean todo lo que desean para el otro y discutan las razones por las que lo quieren. Aprenderás detalles íntimos sobre tu pareja y sus deseos, y tendrás la oportunidad de compartir lo que te gustaría de tu pareja para sentirte más completo.

Hacer planes les permitirá realizar un viaje juntos abriendo puertas emocionales que ambos querrán atravesar. Cuando puedes ver las esperanzas, sueños y deseos de la persona que amas y luego ayudar a hacerlos realidad, estás creando una dinámica muy positiva y ambos sentirán el progreso que hacen como pareja. Planear también les dará algo que perseguir como pareja, lo que fortalecerá su vínculo.

Trabajar en su relación puede significar llevar a cabo un proyecto en común, como crear su propio negocio. Pueden hacer un dinero extra mientras pasan más tiempo juntos. Desde hacer ventas de garaje, hasta crear su propia banda: trabajar al lado de la persona que amas es una experiencia maravillosa. Así, la mayor parte del tiempo mejorará su conexión porque estarán haciendo algo en equipo.

Hacer rutinas positivas como pareja es otro ejemplo de cómo trabajar en su relación. Mientras más cosas hagan en equipo, más cercanos serán. Si a los dos les gusta ejercitarse, encuentren la manera de hacerlo tan seguido como puedan. Cenando juntos como pareja, y con su familia si es que tienen hijos, es buen momento para acercarse y platicar sobre sus días y sus sueños. Si el cenar juntos no es un hábito, les aconsejaría muchísimo que lo hagan. No puedo expresar lo importante que es esta pequeña acción.

Trabajar en su relación no tiene que ser difícil (y puede ser divertido), pero sí tiene que ser hecho con regularidad por ambos para aprovechar el tiempo al máximo. Por lo general las parejas que deciden no trabajar en su relación no son muy felices en ellas. Entonces, qué esperan, tomen la decisión de hacer lo que se requiere para fortalecer sus lazos y hacer su vida tan buena como sea posible.

25

Enamorados de por vida

¿Tu fantasía siempre ha sido conocer al hombre o mujer de tus sueños y vivir felices hasta que la muerte los separe? Lo malo es que casi la mitad de los matrimonios termina en divorcio. Terminar una relación es doloroso y la mayoría de nosotros ha tenido más experiencias con eso de las que quisiéramos recordar.

Por mucho tiempo se ha sabido que aquellas personas en matrimonios sanos o en relaciones a largo plazo tienen menos índices de mortalidad y mejores sistemas inmunológicos, y ahora los científicos atribuyen niveles de estrés más bajos a la gente con la fortuna de estar en relaciones cariñosas y comprometidas. Entonces, ¿quién no quiere amor cuando lo que recibes de él es cariño que conforta el alma y una vida más larga?

Aun después de tiempos difíciles, las parejas que se lo proponen pueden regresar el amor a sus relaciones. Para algunos, esto puede ser tan fácil como darse cuenta de que están distantes el uno del otro. Para otros, el trabajo es un poco más duro. Recuerda que hacer que esto suceda necesita el deseo y el esfuerzo de ambos. Este capítulo abarcará dos de las herramientas más importantes para construir vínculos con tu pareja. Después introducirá una tercera herramienta a probar. Aquí se presentan las tres:

- ❧ Tener conversaciones buenas y frecuentes. Comunicarse bien y frecuentemente con tu pareja es quizá más importante que cualquier otra cosa en tu relación. La comunicación dura más que cualquier otra cosa entre los dos, así que les conviene hacerlo bien.
- ❧ Mantener tradiciones positivas en su relación. Algo que te mantendrá enamorado siempre es mantener tradiciones positivas en la relación, por ejemplo, una cena elegante o ver una película cada semana. Muchas veces, la felicidad viene de pequeñas cosas que te empujan a seguir adelante.
- ❧ Pasar tiempo juntos al final del día. La importancia de pasar tiempo de calidad no es exagerada. Una actividad muy buena es estar unos momentos unidos al final de su día. Después de lavar los trastes y de que sus hijos estén acostados, guarda un poco de energía para relajarte con tu pareja. Esto es una experiencia que los unirá cada vez más.

Vale la pena ahondar en esta última herramienta. Las parejas a veces pueden estar muy ocupadas en sus tareas y trabajos que no dejan espacio para un descanso. Esto, es verdad sobre todo si uno de ustedes trabaja fuera de casa. Las parejas ocupadas viven la mayor parte de su tiempo separadas, y parte de lo que hace disfrutable a las relaciones es el proceso de acercarse otra vez.

Es más lindo tomarse un tiempo cuando ambos están aún despiertos, antes de ir a dormir. De esta forma, cada uno tendrá la oportunidad de hablar y de ser escuchado. Pueden beber té o compartir una copa de vino antes de irse a la cama. Es un momento tranquilo y agradable para hablar sobre lo que hicieron en el día. Sin embargo, este no es un buen momento para discutir problemas. Más bien, es un tiempo agradable para estar el uno con el otro y compartir el lado positivo de la vida.

Una buena platica mientras descansas en los brazos de la persona que amas hará más agradable tu relación. Este rato de descanso por la noche puede mantener su conexión fuerte y dormirás mucho mejor. El descansar también es un tiempo de intensa cercanía. Creo que puede haber más intercambios concientes con tu pareja mientras duermen que cuando se está obsesionado con las relaciones románticas.

A veces olvidamos que la proximidad es una fuerza poderosa. Nos puede ayudar a matar los dragones del día o inspirarnos a construir un castillo para aquellos a quienes amamos. Y todo comienza cuando alguien que te importa te aprecia y te lo hace saber.

Conectarse cuando la jornada termina no tiene que ser muy tardado, basta con quince minutos. Háganlo el tiempo que quieran, pero dejen sus tareas, ideas y trabajo de lado para disfrutar la gloria de su gran decisión: estar con la persona con la que comparten su vida y su cama.

Tener ese tiempo juntos los ayudará a lidiar con el siguiente día. Si hacen esto con constancia, pueden descubrir que su actitud mejorará. Relajarse en pareja ayuda a mucha gente a liberar su ansiedad reprimida, y les permite enfrentar a las personas o a las situaciones difíciles con menos estrés.

Pero lo más importante es que el gozo de este momento en comunión antes de ir a la cama, te dará el confort y los vínculos emocionales que te ayudarán a mantener tu relación avanzando por buen camino.

Si estás estancado o te sientes raro con tu pareja, comparte esta herramienta con ella, y vean si encuentran algo de tiempo cada día para lograrlo. Comprométanse a conectarse de esta forma una semana antes de evaluar si funciona. Este ritual puede no ser para todos, pero cuando funciona, créeme, funciona muy bien.

Implementar las tres herramientas presentadas en este capítulo los ayudará a mantener su amor vivo y en crecimiento, mientras tú y tu pareja progresan en la relación. Para que el amor funcione, debes confiar en él. Conozco muchas parejas en su segundo o tercer matrimonio que afirman ser más felices de lo que jamás fueron. Si has tenido malos comienzos una o dos veces, la verdad es que has debido aprender algo en el proceso, y hay más probabilidades de que no cometas los mismos errores.

Estar enamorado de por vida no significa que estarás con tu amor de secundaria. Significa que en cualquier momento puedes elegir cambiar tu situación y hacer de tu vida una etapa llena de amor y de soporte. No siempre estarás en lo correcto, y tu pareja no siempre se reirá de tus chistes, pero si trabajas para crear verdadero amor, tendrás algo más precioso que los diamantes. Pregúntale a cualquiera que haya perdido al amor de su vida qué cambiaría por tener de vuelta a esa persona. Aprovecha al máximo lo que tienes. ¡Es un regalo!

Conclusión

Crear hábitos positivos como pareja asegurará que tengas una buena relación. Leer este libro y hacer los ejercicios es una expresión de deseo e interés; además, los ayudará a definir y perfeccionar su participación en la relación. Como pareja, quieren saber qué esperar el uno del otro, y con suerte habrán desarrollado nuevos hábitos (o perfeccionado aquellos que ya tenían) que los ayudarán a entender y llevarse mejor con el otro.

Saber qué esperar crea una sensación de seguridad que a menudo está ausente en las relaciones ordinarias. Incluso puedes compartir tus expectativas con tu familia y amigos, quienes querrán saber dónde buscar ayuda cuando algo va mal en sus relaciones. Profundizando en este tema, platicar sobre cómo resolver un problema antes de que crezca lleva a un mejor nivel de respeto mutuo. Como verás, este libro te da varias herramientas útiles de comunicación.

Hacer un compromiso mutuo con tu pareja para mejorar sus hábitos tendrá una influencia positiva en la calidad de todas tus relaciones. Las personas hacen mejor las cosas cuando saben que alguien se preocupa por ellas y lo que están dispuestas a hacer el uno por el otro.

Sería lindo vivir en un mundo perfecto, pero no es así. Siempre hay cosas malas. No podemos controlar lo que pasa, pero sí podemos manejar nuestras reacciones. Ésta es otra razón del por qué es importante crear buenos hábitos con nuestro ser amado. Estar en una relación sólida con una pareja cariñosa te ayudará a enfrentar lo que se te presente en el camino.

Si has leído este libro, has hecho bien. Esto no significa que ya terminaste o que debas dejar de trabajar en tu relación (relee capítulo 24). Significa que tal vez tengas que trabajar menos duro en el futuro, ya que has puesto tu energía y tiempo en hacer tu relación más positiva y, espero, más feliz. Para ayudarte a hacer cambios que duren, incluí una lista final de las diez formas para perfeccionar los hábitos de tu relación. Toma esta lista, y úsala junto con todos tus nuevos hábitos para hacer de tu relación la mejor del mundo.

Diez formas de mejorar tus hábitos

1. **Ser consciente.** Ya sea que te hayas dado cuenta de un problema por tu lado o alguien te lo haya señalado, es importante ser consciente de lo que hiciste para poder cambiar tus acciones de negativas a positivas.

2. **Recuerda ofrecer disculpas.** Un simple "lo siento" debería ser seguido por la pregunta: "¿Qué puedo hacer para compensarte?". La respuesta que recibas ayudará a reivindicarte. Y no repitas tus errores.

3. **Piensa antes de hablar.** Antes de abrir la boca, piensa en tu cabeza lo que quieres decirle a tu pareja, e imagina cómo lo interpretará. Si te imaginas una reacción negativa, tendrás la oportunidad de mejorar tu forma de decirlo.

4. **Muestra empatía.** Ponte en los zapatos de tu pareja y percibe lo que ella siente. Ser empático con alguien que te importa puede mejorar tu humor y ayudar a que ambos se sientan mejor.

5. **Mantén el temperamento.** Recuerda, si pierdes el control, te puedes arrepentir. Intenta contar hasta diez antes de perder la calma. Es un viejo truco, pero funciona.

6. **Practica, practica, practica.** Crear un hábito nuevo toma alrededor de treinta repeticiones seguidas. Integra conductas positivas en tu vida y remplaza cualquier mal hábito con uno bueno.

7. **Escucha cuando alguien más está hablando.** Tu pareja puede ser tu mejor guía cuando se trata de ayudarte a reconocer formas de mejorar. Es quien vive con tus hábitos y recibirá las consecuencias de los mismos, ya sean buenas o malas. Deja que la persona que amas te ayude a hacer los cambios necesarios para que sean más felices.

8. **Recuerda que las relaciones tienen que ser de ganar-ganar.** Cuando estás en una relación, si uno pierde, ambos pierden. Tratar de ganar una discusión sólo generará más dolor. Si no lo pueden arreglar de manera que los dos se sientan vencedores, dejen de lado el problema por un tiempo y retómenlo después.

. **Cree en ti mismo.** Tienes la habilidad de cambiar y mejorar tus hábitos. Sí, es cierto, requiere determinación y disciplina, pero si empiezas por algo pequeño, los grandes cambios serán más fáciles con tiempo y experiencia.

10. **Recuerda que tú quieres esto.** Tu deseo de ser mejor persona puede ser el principal motivador para hacer cambios positivos. La gente se transforma y mejora todos los días. Tú también puedes hacerlo. Sólo tienes que tomar la decisión.

En algún momento de nuestras vidas, debemos enfrentar nuestros malos hábitos. Cuando se trata de los hábitos en las relaciones, enfrentarlos puede ser más complicado, pero vale la pena.

Es hora de confrontar tus malos hábitos y darles la vuelta. Tú puedes. Este proceso no será tan difícil como imaginas y las recompensas pueden ser grandiosas. Así que, adelante. Te prometo que estarás feliz de haberlo hecho.

Sé una pareja feliz

Esta obra se terminó de imprimir en Mayo de 2014
en los talleres de Impresora Tauro S.A. de C.V.
Plutarco Elías Calles No. 396 Col. Los Reyes.
Delg. Iztacalco C.P. 08620. Tel: 55 90 02 55